O HOMEM MARCADO

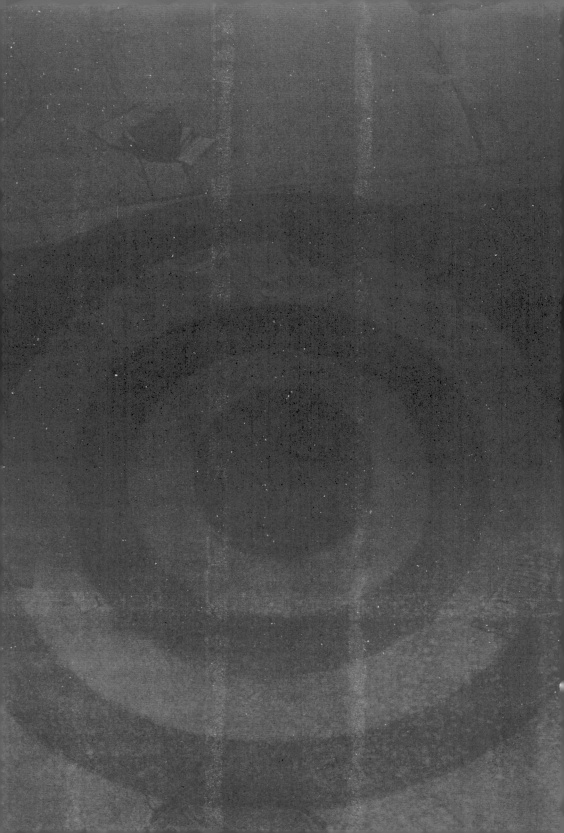

O HOMEM MARCADO

SERPICO: O POLICIAL QUE DESAFIOU A MÁFIA DE FARDA

JOHN FLORIO E OUISIE SHAPIRO

TRADUÇÃO FÁBIO ALBERTI

COPYRIGHT © FARO EDITORIAL, 2024
COPYRIGHT © 2024 BY JOHN FLORIO AND OUISIE SHAPIRO

Todos os direitos reservados.
Nenhuma parte deste livro pode ser reproduzida sob quaisquer meios existentes sem autorização por escrito do editor.
Avis Rara é um selo de Ciências Sociais da Faro Editorial.

Diretor editorial **PEDRO ALMEIDA**
Coordenação editorial **CARLA SACRATO**
Assistente editorial **LETÍCIA CANEVER**
Preparação **DANIELA TOLEDO**
Revisão **BARBARA PARENTE**
Capa **MACMILLAN PUBLISHING GROUP**
Diagramação e adaptação de capa **VANESSA S. MARINE**

Dados Internacionais de Catalogação na Publicação (CIP)
Jéssica de Oliveira Molinari CRB-8/9852

Florio, John
　O homem marcado : Serpico, o policial que desafiou a máfia de farda / John Florio, Ouisie Shapiro ; tradução de Fábio Alberti. -- São Paulo : Faro Editorial, 2024.
　160 p. : il.

Bibliografia
ISBN 978-65-5957-594-7
Título original: Marked man: Frank Serpico's Inside Battle Against Police Corruption

1. Corrupção policial 2. Serpico, Frank, 1936- 3. Administração policial I. Título II. Shapiro, Ouisie III. Alberti, Fábio

24-2126　　　　　　　　　　　　　　　　　　　　　　　　CDD 363.209

ÍNDICES PARA CATÁLOGO SISTEMÁTICO:
1. Corrupção policial

1ª edição brasileira: 2024
Direitos de edição em língua portuguesa, para o Brasil, adquiridos por FARO EDITORIAL
Avenida Andrômeda, 885 - Sala 310
Alphaville — Barueri — SP — Brasil
CEP: 06473-000
www.faroeditorial.com.br

*Para o capitão do Departamento de Polícia de
Nova York William Florio, um policial honesto*
— J. F.

*Aos espíritos destemidos que não se calam
diante da injustiça*
— O. S.

ESCLARECIMENTO AO LEITOR

Nós tentamos contar da maneira mais fiel possível a história da luta de Frank Serpico contra a corrupção no Departamento de Polícia de Nova York.

Para reconstituir cenas neste livro, nós nos baseamos em nossas entrevistas com Serpico, bem como nos muitos artigos e trabalhos publicados sobre ele. Também nos valemos de relatos históricos, entre os quais o livro *Serpico*, de Peter Maas, e de matérias de jornais da época dos acontecimentos. Para os diálogos, nós nos baseamos nas mesmas fontes. Quando não havia registro oficial, tivemos que empregar nossas próprias palavras para criar diálogos que capturassem a essência do que os interlocutores pretendiam.

Em todas as situações, apresentamos o que acreditamos ser uma representação verdadeira desses eventos.

Uma observação final: ao longo do livro, que é quase todo ambientado nos anos de 1960, além do termo "policial", nós também fizemos uso de termos como tiras, guardas, patrulheiros e investigadores, em conformidade com a linguagem da época, para nos referirmos aos membros do Departamento de Polícia de Nova York.

As mulheres não haviam sido totalmente incorporadas ao departamento até os anos de 1970. Somente então todos os membros da força passaram a ser chamados de policiais.

PREFÁCIO

Driggs Avenue, 778, Williamsburg, Brooklyn, 1971

Toda a ação se desenrola no apartamento 3G. Mambo, o cara dentro do apartamento, está vendendo heroína.

Três agentes à paisana elaboram um plano. O barbudo sabe falar espanhol. Ele deve bater à porta, agir como um viciado e dizer que quer comprar droga. Quando a porta se abrir, eles vão prender Mambo com a droga na mão. Eles irão algemá-lo e arrastá-lo para a delegacia. Simples assim.

O policial barbudo bate à porta. Segurando seu .38 de cano curto junto ao corpo, ele mantém o rosto próximo do olho mágico. Os outros dois esperam — um no patamar da escada, e o outro a um metro de distância.

Mambo abre a porta. Bem devagar. O tira joga o ombro contra o vão da porta, quebra a corrente de segurança e tenta forçar a sua abertura. Mambo tenta fechar a porta. Dá-se um impasse — o tira fica preso, com uma perna do lado de dentro do apartamento e a outra fora.

O tira levanta a arma e a aponta para Mambo. Nesse momento grita para os seus parceiros, virando a cabeça à procura deles. Péssima ideia.

Quando vira a cabeça para olhar à volta, ele é surpreendido por um clarão e atingido pelo disparo de uma arma de fogo.

- CARO LEITOR -

Meu nome é Frank Serpico. Tenho oitenta e sete anos, e há mais de cinquenta anos vivo com uma bala alojada na cabeça. Sou surdo de um ouvido e manco quando caminho.

Minha história pode parecer antiga para você, mas nem sempre foi assim. Em 1973, Al Pacino me interpretou num filme chamado *Serpico*. O filme foi um grande sucesso — o American Film Institute incluiu o personagem de Serpico em sua lista dos maiores heróis de todos os tempos. No instante em que o filme chegou aos cinemas, meu nome se tornou uma lenda.

Todos pareciam saber o nome do detetive que desbancou o sistema.

Toda a badalação de Hollywood já desapareceu, é claro, mas continuo sendo *persona non grata* no Departamento de Polícia de

PREFÁCIO

Nova York. E por incrível que pareça, ainda recebo e-mails raivosos de policiais aposentados e da ativa.

A polícia constitui uma subcultura peculiar na sociedade. Não raro os seus membros têm seu próprio código moral, uma atitude do tipo "nós contra o resto". E essa atitude é reforçada por um muro azul de silêncio, que pode ser ainda mais forte que a omertà, o código de silêncio da máfia. Sabemos bem do que se trata: abra a boca e deixará de ser um de nós, e passará a fazer parte do resto.

Eu abri a boca. Eu faço parte do resto.

Em 1972, recebi a Medalha de Honra, a mais alta condecoração conferida pelo Departamento de Polícia de Nova York por bravura em ação; mas recebi essa condecoração por ter sido baleado no cumprimento do dever, não por ter confrontado policiais corruptos. Eles me entregaram a medalha como se estivessem jogando um maço de cigarros para mim.

Certa vez, um ex-presidiário me contou que um capitão da polícia disse: "Se não fosse o filho da puta desse Serpico, eu estaria milionário hoje." E o ex-detento continuou: "Acho que você não está entendendo, Frank; eles tinham uma máquina de fazer dinheiro bem azeitada e em pleno funcionamento, e aí você apareceu e jogou um monte de areia nas engrenagens."

E era bem assim — o Departamento de Polícia de Nova York inteiro queria a minha cabeça. Ainda hoje me parece surpreendente que algumas pessoas me considerem um inimigo das forças de segurança, que eu não seja visto com bons olhos pela polícia na minha própria cidade. Porque ainda me lembro de que tudo o que eu queria era ser um membro do Departamento de Polícia de Nova York.

Tudo o que eu queria era ser um dos melhores de Nova York.

CAPÍTULO 1

Quando Frank era criança, seu ritual noturno envolvia ligar seu rádio de cabeceira às nove horas em ponto para ouvir seu programa favorito. "E agora", entoava o locutor, enchendo com voz alta e sugestiva o quarto todo escuro, exceto pelo brilho que vinha do dial do rádio, "outro episódio eletrizante de *Gang Busters*!".

O programa era apresentado como "o único programa nacional que traz histórias de casos reais de polícia". As histórias eram emocionantes: "Os Facínoras da Broadway." "Motim na Prisão de Alcatraz." "O Assassino da Máscara Mortuária." Para Frank, ligar o rádio era como ir a uma escola de detetives. E o melhor era que os episódios ainda traziam pneus cantando, sirenes guinchando, armas disparando e finais gratificantes — porque os caras bons venciam sempre.

Essa era a época de Fiorello La Guardia. Eleito prefeito de Nova York durante a Grande Depressão, em 1934, La Guardia era um reformador determinado. Admirá-lo era fácil; ele era um dínamo de um metro e meio de altura. La Guardia imprimia fervor a tudo o que fazia. E se recusava a acatar as imposições do

Partido Republicano, que havia ajudado a elegê-lo. Ele se livrou dos políticos impostores dos velhos tempos e dos seus chefes, que governavam a cidade. Reorganizou o governo da cidade, unificou o sistema de metrô, criou moradia pública para os pobres e construiu áreas de recreação e parques públicos por toda a cidade. Também reprimiu os gângsteres que administravam organizações ilegais de jogos de azar e iniciou uma cruzada pública para limpar uma força policial corrupta.

Durante uma greve de jornais que afetou 13 milhões de leitores, La Guardia foi ao rádio e leu quadrinhos em voz alta para as crianças da cidade. Ele escolheu *Dick Tracy*, história em quadrinhos sobre o popular detetive de polícia que combatia gângsteres, ladrões de banco e políticos desonestos. Quando terminou a leitura, o prefeito disse aos seus ouvintes: "Crianças, o que significa tudo isso? Significa que dinheiro sujo jamais traz sorte... Não, dinheiro sujo traz apenas infortúnio, tristeza, miséria e desgraça."

Nascido dois anos depois da eleição de La Guardia, Francesco Serpico foi criado por seus pais Vincenzo e Maria, que haviam se conhecido na Itália e migrado para os Estados Unidos pouco tempo depois de se casarem. O jovem Francesco, chamado de Frank, brincava de bola de gude, esconde-esconde e beisebol nas ruas do Brooklyn, em Nova York. Bedford-Stuyvesant, a sua vizinhança, era uma mistura de imigrantes da Itália e da Europa Oriental, e também de negros americanos, todos se empenhando em conquistar respeito numa cidade que podia ser fria, indiferente e cruel.

CAPÍTULO 1

Prefeito Fiorello La Guardia discursa para a cidade de Nova York num programa de rádio.

Brooklyn, por volta de 1947.

O jovem Frank trabalhava na sapataria do pai depois da escola. Suas tarefas eram modestas — por exemplo, arrastar uma calçadeira magnética pelo chão para recolher os pregos que caíam da mesa de trabalho —, mas ele adorava ver o pai trabalhando. Hábil em seu ofício, Vincenzo havia sido aprendiz de sapateiro na Itália aos nove anos de idade; ele consertava os sapatos à mão, com cuidadosa precisão. De pé diante de sua mesa de trabalho, com uma fileira de pregos presos entre os lábios, ele pegava um sapato com o salto quebrado e o colocava virado para baixo sobre a mesa. Depois retirava um prego da boca com uma das mãos e com a outra pegava o martelo. *Bam! Bam! Bam!* Os pregos sempre acertavam o alvo. Frank admirava a ética de trabalho do pai. Passando incontáveis horas em sua sapataria — muitas noites ele nem mesmo voltava para casa —, Vincenzo ganhou dinheiro suficiente para comprar a casa na qual ele e Maria puderam criar seus quatro filhos: Pasquale, Tina, Salvatore e Frank.

Certo dia, trabalhando na sapataria, Frank poliu os sapatos oxford de um policial uniformizado. Frank sentiu imenso orgulho — estava lustrando os sapatos da lei! Ele poliu o couro até que parecesse novo, e depois observou, chocado, o policial se levantar e ir embora do estabelecimento sem pagar. Frank nunca se esqueceu da arrogância do homem. Também nunca se esqueceu do retorno do policial para lustrar os sapatos.

— Dez centavos — Vincenzo disse, erguendo a mão. — Adiantados.

O policial bufou, saiu do estabelecimento e nunca mais voltou.

Em outra ocasião, um inspetor do Ministério do Trabalho entrou na sapataria e pediu a Vincenzo a documentação de trabalho de Frank.

— Que documentação? — Vincenzo disse. — Ele é meu filho.

— Não importa — o homem retrucou. — Ele é menor de idade; precisa dos documentos de trabalho.

CAPÍTULO 1

Vincenzo semicerrou os olhos.

— Você quer o meu garoto perambulando pelas ruas com os outros vagabundos? Meu filho vai ficar bem aqui, onde eu posso ficar de olho nele. Aqui eu posso ensinar um ofício a ele.

Sem mais, Vincenzo pegou um martelo e mandou que o homem saísse de seu estabelecimento.

Ao longo de sua vida, Frank levou consigo essas lembranças do pai. Embora não tenha sido um homem poderoso, Vincenzo tinha seu próprio senso de moralidade e era uma pessoa justa.

Quando Frank tinha treze anos de idade, o destino lhe reservou mais uma surpresa, dessa vez reforçando a sua visão romântica acerca do trabalho da polícia. Sua mãe o levou para uma visita ao seu avô na Itália, onde Frank conheceu seu tio Nicolo. Nicolo era membro dos carabinieri, a polícia militar italiana que investiga grupos da máfia e outras organizações criminosas. A visão do uniforme desses policiais diferenciados já impunha respeito: abotoamento duplo, jaquetas com botões de latão e calças com listra de um vermelho intenso que se estendia pela lateral da perna. Isso não passava despercebido. Os italianos sempre notavam. Eles admiravam.

Nicolo ostentava o orgulho de alguém importante, tinha o ar de um homem confiante. E por que não teria? Era respeitado. Carregava consigo um rifle Beretta. Ele *era* alguém. Aos olhos do jovem Frank, Nicolo era um combatente do crime honesto e decente.

Quando estava no ensino médio, Frank encontrou maneiras de simular as experiências de um policial; ele chegou a fazer sua própria pistola caseira usando tiras de borracha e antena de carro. Quando manejada de forma adequada, a arma podia disparar uma bala de calibre .22 com força suficiente para ferir uma pessoa que estivesse a poucos metros de distância. Infelizmente, Frank era melhor em *fazer* armas improvisadas do que usá-las — ele foi parar no hospital um dia depois de atirar no próprio braço com a pistola caseira.

Dois policiais foram visitar Frank para lhe fazerem algumas perguntas, e quando chegaram o garoto estava sentado, com um novo curativo sobre o seu ferimento.

— Cadê a arma? — perguntaram os policiais.

— Eu não tenho arma nenhuma — Frank disse. — Achei uma bala, tirei a ponta dela e ela explodiu.

Os policiais olharam um para o outro. Essa história era uma mentira óbvia.

— Em que escola você estuda? — um deles perguntou.

— Na St. Francis Prep. E quero ser policial como vocês.

— Que bom — comentou o outro. — Mas se não ficar esperto, não vai conseguir.

Os policiais liberaram Frank com uma advertência, mas ele entendeu muito bem a mensagem. Daquele ponto em diante, tomaria cuidado e agiria de acordo com as regras.

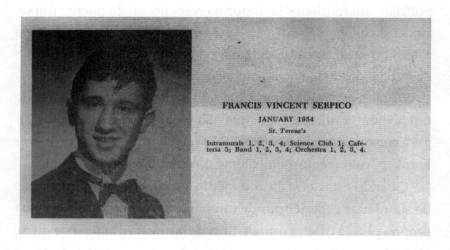

Frank se forma na St. Francis Prep, 1954.

Assim, depois de completar o ensino médio, Frank entrou para o exército e passou dois anos como soldado de infantaria na Coreia do Sul. Mas ele ainda almejava ingressar na força policial. Quando voltou para casa, conseguiu um emprego de meio período como guarda de segurança, e à noite estudava ciência policial. Chegou a comparecer à aula vestindo calça azul-marinho e sobretudo bege, como os detetives do programa de televisão *Dragnet*.

Em 1956, quando completou vinte anos de idade, Frank se qualificou para prestar o exame de admissão na Academia de Polícia de Nova York — e isso era tudo o que ele desejava. Enquanto aguardava a convocação, Frank foi trabalhar para a Youth Board, uma divisão da prefeitura, ajudando a acalmar tensões entre gangues juvenis.

Em 1959, ele finalmente foi aceito na academia e se viu diante do velho prédio de tijolos vermelhos na parte baixa de Manhattan. Na entrada, uma placa saudava todos os cadetes: "Uma consciência limpa é o travesseiro mais macio." Frank fez cursos de ética, conduta policial, investigação, prisão e lições sobre lidar com prisioneiros. Foi treinado no uso de armas de fogo, e teve a sua força física e agilidade testadas. Aprendeu a fazer o parto de um bebê em caso de atraso da ambulância. Fez um curso rápido de direito municipal e direito criminal. E assistiu a palestras sobre psicologia, relações entre raças, defesa civil, governo municipal e delinquência juvenil.

Um instrutor aconselhou:

— Se vocês pegarem um garoto roubando, não o chamem de ladrãozinho. Perguntem onde ele conseguiu a mercadoria.

Outro instrutor formulou a seguinte pergunta:

— Três homens suspeitos são encontrados num beco. Se um deles jogar algo no chão, qual é a primeira coisa a fazer?

Um novato levantou a mão e respondeu:

— Revistá-los.

— Não — o instrutor disse. — Se houver mais de um guarda, os suspeitos devem ser separados. Se você for o único presente, diga para eles não falarem uns com os outros. Assim não poderão combinar uma história entre eles.

Os instrutores na academia enfatizaram que os policiais eram preparados para assumir a função de "protetores da vida e da propriedade de cada cidadão. Vocês arriscarão a própria vida a serviço de pessoas cujos nomes vocês nem sabem".

Frank prestava a máxima atenção aos instrutores. Com esses caras ele poderia aprender a ser um bom policial, e quem sabe até aprender a ser uma pessoa melhor. Aquele era o lugar certo para ampliar os horizontes; a academia ensinava a importância da lei — e como ajudar pessoas.

Contudo, numa conversa em particular, um policial veterano compartilhou com Frank seu próprio ponto de vista:

— Preste atenção. Não vá bancar o maluco. Ninguém gosta de justiceiros. Dance de acordo com a música e tudo dará certo para você.

Frank também conhecia esse tipo de tira. Por ter crescido no Brooklyn, ele já havia se deparado com muitos desses tipos indolentes — como o guarda que havia entrado no estabelecimento de seu pai para lustrar os sapatos de graça. Frank não queria ser esse tipo de policial.

— Obrigado pelo conselho — Frank respondeu, ansioso por começar a trabalhar e seguir seus próprios instintos.

Em abril de 1960, junto com quase trezentos outros recrutas, ele se formou na academia e se tornou oficialmente um policial da cidade de Nova York.

Na cerimônia de posse, realizada na Escola de Negócios e Administração Pública Baruch, o comissário de polícia Stephen Kennedy deixou bastante claro para a turma que as operações de jogo teriam que ser reprimidas. Ele disse que a aplicação das leis relacionadas a jogos de azar era uma "farsa", porque muitos infratores apenas pagavam multas em vez de cumprirem pena na prisão.

Isso não era surpresa para Frank. Qualquer garoto que tivesse crescido no Brooklyn sabia que os chefes do jogo perambulavam

CAPÍTULO 1

pelas ruas, aparentemente sem sofrerem resistência. E eram os mesmos sujeitos que estavam envolvidos em grandes operações que traziam drogas e armas para a região.

Policial novato Frank Serpico.

A GUERRA DE NOVA YORK CONTRA OS JOGOS DE AZAR

Comissário de polícia Stephen Kennedy, 1961.

Durante séculos, os políticos de Nova York criticaram ferozmente os jogos de azar como uma imoralidade, afirmando que esses jogos estimulavam cidadãos pobres e honestos a arriscarem o pouco dinheiro que tinham. Aos olhos desses políticos, jogos de azar eram nocivos; criminosos profissionais os usavam como trampolim para estabelecer operações mais nefastas, como as que envolvem narcóticos e prostituição.

O comissário de polícia Stephen Kennedy, que ocupou o cargo de 1955 a 1961, também pensava dessa maneira. Ele declarou guerra aos jogos de azar, e sob a sua liderança, o Departamento de Polícia de Nova York empenhou-se em aplicar as leis contra esses jogos. Sob o olhar atento do comissário, as delegacias de polícia espalhadas pela cidade tinham quadros de avisos cobertos de fotografias de chefes de jogos de azar conhecidos. Cada fotografia mostrava nome, endereço, local de operação, tipo de jogo e data da última prisão do chefe.

Como todos os comissários antes dele, Kennedy reconhecia as tentações que acompanhavam o uso do distintivo. Ele advertiu seus policiais a permanecerem limpos e a manterem a integridade. Recusou-se a aceitar a ideia de que sempre haveria algumas maçãs podres na corporação. "Maçãs podres", ele disse, "precisam ser removidas antes que estraguem o cesto inteiro. Ineficiência, inépcia e corrupção devem ser eliminadas".

Depois da cerimônia, um Vincenzo radiante abraçou o filho.

— Estou orgulhoso de você — ele disse a Frank. — Policiais ajudam as pessoas.

Como policial novato, Frank ainda morava na casa dos pais — mas o seu bairro já não era mais o mesmo. Bedford-Stuyvesant tinha se tornado bastante populoso, com predominância de afro-americanos, e era um dos bairros mais pobres da cidade. Frank foi designado para o 81º Distrito na Ralph Avenue, perto do seu bairro, onde assumiu sua primeira missão: não se desviar do caminho. Deter o crime. Ser um policial.

Ele vestiu seu uniforme, pronto para proteger os cidadãos locais de assaltantes, delinquentes e traficantes de drogas. E foi patrulhar o seu território de seis quarteirões, armado com um distintivo, uma arma e as lições de vida que havia aprendido na sapataria do pai.

FRANK SABIA QUE NÃO ERA UM POLICIAL TÍPICO.

Enquanto a maioria dos policiais usava corte rente de cabelo, Frank deixou o cabelo crescer num elegante topete. Muitos policiais eram robustos, mas Frank tinha apenas um metro e setenta de altura e estrutura física delgada. Adorava ópera e jazz, lia filosofia e até escrevia poesia.

Para a maioria dos policiais, o trabalho de policiamento representava um salário garantido. Fazer ronda portando um cassetete era mais fácil do que muitos outros empregos, como trabalhar na construção, por exemplo, ou empurrar cabideiros de roupas pelas ruas do District Garment de Manhattan. Mas Frank percebeu que poucos dos seus colegas novatos se importava com a justiça. E nenhum deles tinha a menor ambição de se tornar detetive e investigar casos importantes.

Frank ainda era recruta no Oito-Um — era assim que os policiais chamavam o 81º Distrito — quando um colega patrulheiro sugeriu que almoçassem no restaurante local.

— A comida é boa? — Frank perguntou.

— Que nada, é só que é na faixa.

— Como assim? — Frank disse. — Não vou ter que pagar?

— Bom, sabe como é, pode deixar uns vinte e cinco centavos ou qualquer coisa assim.

Frank não queria uma refeição gratuita. Ele recebia salário, podia pagar pela própria comida, e jamais comprava coisas que não podia pagar. Nem casa. Nem barco. Nem relógio chique. Quem precisava dessas coisas?

Pouco tempo depois da conversa sobre o restaurante, Frank estava no carro de radiopatrulha com o seu novo parceiro, dirigindo pelas ruas do Oito-Um. Quando viram um carro avançar um sinal vermelho, eles aceleraram em sua direção e fizeram sinal para que o carro encostasse. O motorista obedeceu. Frank saiu do carro de polícia e caminhou até o veículo do infrator.

— Será que não dá para resolver isso aqui entre a gente? — disse o motorista, levando a mão ao bolso e tirando dele a carteira.

— Você não está tentando me subornar, está?

CAPÍTULO 1

Frank estava pronto para acusar o sujeito de avançar o sinal vermelho e de tentar subornar um policial, mas o seu parceiro surgiu e disse a Frank para voltar para a viatura de polícia.

O parceiro de Frank conversou com o motorista. Quando voltou para a viatura, trazia trinta e cinco dólares e estendeu metade dessa quantia na direção de Frank.

— Aí está, pode pegar. É a sua parte.

— Não — Frank respondeu, recusando o dinheiro com um gesto de mão. — Eu não preciso do dinheiro desse cara.

— Tem certeza? Aqui na nossa área dividimos tudo meio a meio.

— Sim, tenho certeza. Mas agradeço mesmo assim.

Nessa noite, Frank foi para casa se perguntando se todos os policiais operavam assim. Aceitar dinheiro? Usar o poder do uniforme para comer de graça? Se era esse o trabalho policial, ele não queria fazer parte disso.

Para a sua decepção, Frank logo descobriu que muitos dos seus colegas policiais dormiam no trabalho, sobretudo aqueles que trabalhavam no turno da noite. Esses caras estavam fazendo corpo mole, fugindo das responsabilidades. Alguns dormiam em suas viaturas de polícia debaixo da ponte do Brooklyn, outros dormiam no acostamento da avenida Franlyn D. Roosevelt. Alguns montavam seus "berços" — isto é, seu cantinho para dormir — em escolas e em quartéis do corpo de bombeiros. Um desses berços, localizado em um parque do Brooklyn, era tão conhecido na vizinhança que os moradores o chamavam de "saco de dormir". Frank não entendia. O que esses caras tinham na cabeça? Por que eles não faziam o que Frank fazia? Realizar o patrulhamento e fazer o trabalho. Apenas isso. Se estivesse fazendo muito frio, que usassem roupas internas térmicas. Não dá para prender criminoso nenhum dormindo debaixo de um cobertor.

Em vez de se zangar, Frank dobrou a meta do seu plano original. Ele trabalharia duro e protegeria as pessoas, e com um pouco de sorte se tornaria um detetive. Detetives não eram preguiçosos. Eles usavam o cérebro — era preciso ter inteligência para obter informações, verificar evidências, localizar suspeitos e construir casos. Mas Frank sabia que se tornar detetive ao realizar um ato de bravura fazia parte do passado. Como ele não tinha nenhum amigo nas altas esferas, seu único caminho para se tornar detetive era a polícia à paisana. Os tiras dessa divisão estavam um passo à frente da polícia comum. E eles também tinham treinamento especial. Sabiam rastrear traficantes de drogas, prostitutas e chefes do jogo — e quem se sobressaía era escolhido para o esquadrão de detetives.

Tratava-se de um ótimo posto, e Frank queria conquistá-lo.

Certo dia, ainda como novato, Frank havia acabado de orientar o trânsito num cruzamento escolar quando um jovem correu até ele e agarrou o seu cotovelo.

— Seu guarda — disse o homem negro, muito arfante. — Venha rápido! Minha mulher está tendo um bebê!

Frank correu pelas ruas, seguindo o jovem, que o levou até um prédio antigo. Juntos, subiram a escadaria depressa e chegaram a um apartamento pequeno de dois quartos. Havia uma jovem em um dos quartos — ela não parecia ter mais de vinte anos. Estava debaixo de um cobertor, gritando.

— É o nosso primeiro filho — o homem disse a Frank. — Eu não sei o que fazer!

— Chame uma ambulância — Frank pediu. — Agora!

— Não temos telefone.

— Então bata na porta de alguém e ligue. Rápido!

Frank jogou a jaqueta no encosto de uma cadeira e foi ao banheiro para lavar as mãos. Logo estava de volta ao quarto, concentrando-se para se lembrar do que havia aprendido na academia.

Posicionando-se entre as pernas da mulher, deu para ver que a cabeça do bebê já estava surgindo. A ambulância devia levar

CAPÍTULO 1

ainda alguns minutos para chegar, por isso ele colocou as mãos em concha sob a cabeça do bebê a fim de lhe dar sustentação. Mas havia um problema. O cordão umbilical estava enrolado em torno do pescoço do bebê. O cordão se apertava mais a cada empurrão que a mulher fazia por instinto.

Frank havia treinado para isso. Mantendo-se calmo, ele tentou repetidas vezes deslizar o dedo por debaixo do cordão a fim de afastá-lo da cabeça do bebê. Por fim, conseguiu soltar o cordão e puxar o bebê para fora, ileso.

Depois do parto, Frank virou o bebê de cabeça para baixo, limpou-lhe a boca com o dedo, e lhe deu um leve tapa nas nádegas. O bebê começou a chorar vigorosamente.

— Ora, vejam só — Frank disse à mãe, com a voz quase encoberta pelo choro do bebê. — É um menino.

Quando Frank se virou, viu que o pai ainda se encontrava na entrada do apartamento.

— O que está fazendo aqui? Você chamou a ambulância?

— Não — o homem respondeu. — Fiquei tão apavorado que não consegui me mover.

Frank se deparou com um dilema: na academia ele havia sido instruído a esperar que a equipe médica cortasse o cordão umbilical. Mas agora, percebendo que estava por conta própria — e que não havia tempo para sair à rua em busca de uma cabine telefônica —, ele mesmo teria que cortar o cordão.

— Ferva um pouco de água — ele disse ao pai. — E vamos precisar de barbante. E também de uma tesoura.

Frank acomodou o delicado bebê de pele marrom sobre o ventre da mãe e amarrou um pedaço de barbante esterilizado em torno do cordão, a poucos centímetros do umbigo do bebê. Então cortou o cordão e enrolou uma toalha em torno do recém-nascido.

Quando deixou o apartamento, Frank estava feliz, mas também exausto.

Uma semana depois, quando Frank fazia a sua ronda, o pai do bebê correu até ele.

— Aí está você! — disse o homem. — Eu estava procurando você. Qual é o seu nome?

— Serpico.

— Não, o seu primeiro nome.

— Frank. Frank Serpico.

O homem olhou para ele e sorriu.

— Esse é o nome que vamos dar ao meu filho. Vamos chamá-lo de Frank. Em sua homenagem.

Frank sorriu e apertou a mão do homem.

Essa era a sua cidade. E ele estava orgulhoso por patrulhá-la.

Em 1962, após dois anos no Oito-Um, Frank passou em um teste para trabalhar no Departamento de Identificação Criminal, um anexo na baixa Manhattan que abrigava registros criminais usados na cidade e em investigações federais. A maioria dos tiras via o Departamento de Identificação Criminal como o primeiro degrau para se tornar um policial à paisana, e Frank também via assim. Ele estava feliz por ter conquistado essa posição, certo de que o levaria a se tornar detetive. Passava os dias enfiado no escritório, processando cartões de impressão digital e os enviando ao FBI para ver se algum suspeito local tinha registros fora do estado de Nova York. À noite, ele frequentava a Universidade de Nova York, com o intuito de obter um diploma de bacharel em ciência policial.

Embora o trabalho fosse tranquilo, Frank adorava a atmosfera turbulenta da baixa Manhattan. Os escritórios do Departamento de Identificação ficavam perto do Greenwich Village, uma faixa de ruas estreitas e curvas, prédios de cinco andares, restaurantes familiares, livrarias e bistrôs onde poetas, artistas e estudantes universitários se reuniam. Frank frequentava os pontos mais badalados — o Bitter End, o Village Vanguard e o Café Wha? — e saía com garçonetes, atrizes, cantoras e dançarinas. Em pouco tempo, alugou um pequeno apartamento com jardim e o encheu de discos, livros, artefatos adquiridos em viagens ao exterior, uma lâmpada lava, dois cachorros e dois aquários com peixinhos dourados. Ele deixou crescer o cabelo, cultivou uma barba cheia e começou a usar calça jeans e sandálias.

Para os seus amigos do Village, ele era conhecido como Paco, apelido que havia adquirido durante suas viagens a Porto Rico.

Café Wha? no Greenwich Village, em meados dos anos de 1960.

Para os seus colegas policiais ele era um *beatnik* — boêmio e rebelde —, e *beatniks* costumavam ser alvo, não colegas, dos tiras. Mas Frank gostava de ser diferente; não via motivo para não se vestir como outros jovens da sua época, ainda mais quando estava fora de serviço.

Mas o inspetor do Departamento não concordava.

Ele considerou Frank um indisciplinado e o enviou de volta ao antigo trabalho de patrulha a pé no 70º Distrito no Brooklyn.

Chutado do Departamento de Identificação Criminal, Frank voltou a patrulhar as ruas em seu uniforme convencional de guarda.

Mas Joseph Fink, capitão do 70º Distrito, percebeu uma oportunidade no estilo despojado que Frank adotava quando estava fora de serviço, e vez por outra o escalava para o patrulhamento à paisana. Para Frank, esse trabalho era um sonho. Isso devolvia a ele a chance de se tornar detetive, e além disso, permitia que ele continuasse vigiando o bairro.

Certa tarde, quando estacionava o carro antes de se apresentar ao serviço, Frank percebeu que havia fumaça saindo de um prédio de três andares do outro lado da rua. Pegou sua lanterna, correu até o prédio e entrou no apartamento do andar térreo. Uma parede da cozinha estava tomada por chamas, e em algum lugar do apartamento, um bebê chorava.

Seguindo o som de choro que vinha do corredor, Frank descobriu um bebê em um berço, num pequeno cubículo. Pegou o bebê e o segurou junto ao peito. Então correu pelo apartamento, e em outro cômodo encontrou um homem deitado de costas, estendido sobre uma cama.

Ele apalpou o homem com força, torcendo para que não tivesse morrido por inalação de fumaça.

— Acorde — Frank disse, empurrando-o com mais força.

— Hum? — o homem balbuciou, agitado.

— De pé! Agora! A casa está em chamas, temos que sair!

O homem pulou da cama, em seu rosto um misto de apreensão e pânico, e se inclinou para o bebê.

— Graças a Deus você está aqui — ele disse a Frank. Então seus olhos se arregalaram ainda mais, e ele agarrou o braço de Frank. — Meus cachorros estão no porão, preciso ir lá pegar eles!

Frank deu ao homem sua lanterna e carregou o bebê para fora, onde uma multidão observava as chamas engolirem o prédio. Frank entregou o bebê a um dos vizinhos e correu de volta para dentro, dessa vez subindo as escadas que levavam ao segundo andar. Mas subir correndo a escadaria foi um erro. A ação o forçou a inalar uma grande quantidade de ar preto e fuliginoso. Quando chegou ao segundo andar, Frank mal conseguia abrir caminho em meio à fumaça para chegar ao apartamento.

Ele chutou a porta, e chamas saltaram sobre ele como línguas de dragão. Frank não conseguiu entrar; o fogo estava intenso demais, e a fumaça, densa demais. Ele recuou, desceu as escadas correndo e saiu do prédio para respirar ar puro. Do lado de fora, pessoas apontavam na direção de uma janela no terceiro andar, onde uma mulher segurava duas crianças e gritava por socorro.

A parte superior do prédio era recuada, cercada por um peitoril largo o suficiente para que um homem adulto caminhasse sobre ele. Frank escalou o cano de esgoto, e um vizinho subiu logo atrás dele. Eles rastejaram pelo peitoril até chegarem logo abaixo da janela da mulher. Estendendo os braços para cima, Frank pediu à mulher que lhe entregasse as crianças. Com a ajuda do outro homem, que lhe deu sustentação, Frank pegou as crianças, uma por vez, e as passou para os observadores mais abaixo.

Sirenes soaram ao longe.

— Aguenta firme! — Frank gritou para a mulher. — Os bombeiros estão quase chegando!

— Não dá pra ficar aqui — ela disse. — Estou indo também!

— Não, não, não vamos conseguir pegar você! — Frank avisou.

— Estou indo também!

Frank tentou detê-la, mas ela já estava pulando a janela. Frank e o outro homem não tiveram alternativa a não ser segurarem os braços um do outro com força para tentarem suportar o peso dela.

— Vamos, pule! — Frank gritou.

E foi o que a mulher fez — e acertou o alvo —, mas passou direto pelas mãos deles e acabou caindo no peitoril. Nesse momento, os bombeiros já haviam chegado com uma escada, e a ajudaram a descer até o chão. Depois de tudo, ela saiu andando sem nenhum ferimento a não ser um galo na cabeça e os joelhos machucados.

Quando chegou ao chão, Frank teve uma surpresa igualmente agradável: o apartamento do segundo andar — aquele em que ele não conseguira entrar —, na verdade estava vazio.

Frank era um herói, sem sombra de dúvida. Mas quando voltou à delegacia de polícia, ninguém pareceu se importar.

— Vista o maldito uniforme — disse um tenente do distrito policial, um sujeito chamado Ferrara. — Você precisa orientar o trânsito.

Frank fez o que lhe foi ordenado, mas no meio da sua tarefa começou a se sentir mal. Então foi até uma cabine telefônica e ligou para a delegacia.

— Não estou me sentindo muito bem — Frank disse a Ferrara.

— Bem, você tem duas opções — disse o tenente. — Ou engole o choro e permanece no posto, ou tira um dia de folga. Não tem meio-termo.

Embora odiasse tirar dias de licença, Frank decidiu pela segunda opção: tirar uma folga. Um carro da polícia logo o levou ao hospital. Lá se constatou que seu problema era excesso de fumaça inalada; havia mais fumaça dentro do prédio em chamas do que um par de pulmões poderia suportar. Os médicos deram oxigênio a Frank e o mandaram para casa. Duas semanas depois, ele estava de volta ao serviço.

Mas ninguém — nem um chefe, nem mesmo Ferrara — reconheceu que Frank havia salvado cinco pessoas de um prédio em chamas.

Em 1966, Frank foi transferido para o esquadrão de policiais à paisana no 90º Distrito no Brooklyn. Foi uma mudança proveitosa. Havia grande atividade de venda de drogas e de jogo ilegal na vizinhança, e em pouco tempo, Frank Serpico estava prendendo traficantes um após o outro.

O Nove-Zero, 1965.

Mas a sua ação mais heroica no Nove-Zero não teve nada a ver com o trabalho dos agentes à paisana. Na verdade, Frank nem estava em horário de serviço na noite em que tudo aconteceu. Ele havia ido ao cinema com sua garota, Shirley, e a estava levando para casa no Brooklyn por volta da meia-noite. Eles tinham acabado de passar pela ponte Williamsburg, e estavam na moto Honda de Frank, parados no sinal vermelho, quando disparos de armas de fogo — junto com os inconfundíveis clarões que saem dos canos das armas — pipocaram no ar a um quarteirão de distância deles. De onde estava, Frank conseguiu distinguir três homens debruçados sobre uma figura curvada na calçada, as silhuetas de seus corpos iluminadas pela lâmpada de um poste.

— Rápido, vá se esconder atrás daquele poste — Frank disse a Shirley, indicando com a cabeça uma pilastra de aço de sustentação do trem elevado. — Pegue o metrô para casa, vejo você mais tarde.

Shirley saltou da moto e, antes de ir, gritou:

— Tenha cuidado!

Frank foi conduzindo devagar a moto até o local dos acontecimentos, mantendo-se nas sombras, rodando atrás de um grupinho de curiosos que olhavam embasbacados para os três atiradores.

Dois dos atiradores fugiram a pé, correndo pela rua; persegui-los era quase impossível. Mas o terceiro cara entrou em um Oldsmobile dourado que estava à espera e tomou a direção contrária.

Frank foi atrás, mantendo-se longe o suficiente para evitar ser percebido. Memorizando o número da placa — assim ele poderia emitir um alerta geral se perdesse o carro —, ele perseguiu o Oldsmobile, que fez curvas, circulou quarteirões e retornou à área do tiroteio. Por fim, o veículo estacionou no meio-fio, onde os outros dois atiradores aguardavam, ainda resfolegando por terem fugido a pé.

Frank sabia espanhol o bastante para entender o que os suspeitos falaram enquanto se arrastavam para dentro do carro.

— Vamos dar o fora daqui antes que os tiras vejam a gente!

O Oldsmobile saiu acelerado, e Frank voltou a segui-lo. Ele apagou o seu farol dianteiro e manteve uma distância de cerca de uma quadra do carro à frente, serpenteando em torno de pedestres e se mantendo afastado de carros estacionados. Em dado momento, a moto de Frank derrapou por alguns metros; ele mal conseguia manter a moto sob as pernas e ficar de olho no carro que perseguia.

O carro finalmente parou próximo a um terreno baldio. A porta do passageiro se abriu e um dos atiradores saiu do veículo, com um revólver em cada mão.

Frank saltou da moto, pegou sua arma de serviço e — sempre se mantendo oculto —, esgueirou-se até um carro estacionado. Ele se deitou estendido no porta-malas do carro, a alguns poucos metros dos atiradores, e apontou o revólver para o peito do cara armado.

— Polícia! — ele bradou. — Solte as armas!

CAPÍTULO 1

O homem girou, pronto para atirar, mas não conseguiu ver o policial que o confrontava.

— *La policía*! — o homem gritou para os seus comparsas, e então correu de volta para o Oldsmobile; mas o carro arrancou em disparada, e os amigos foram embora sem ele.

Frank deixou o carro partir e se concentrou no terceiro atirador. Deu um tiro para o ar como aviso, mas o cara saiu correndo, ainda acreditando que poderia escapar com liberdade. Saindo em seu encalço terreno adentro, Frank o alcançou e se lançou sobre ele, jogando-o no chão. Os dois homens caíram, se chocaram contra o chão num sonoro baque e se engalfinharam; mas Frank levou a melhor, dominou o criminoso, virando-o de barriga no chão e lhe prendendo o braço atrás das costas. Então revistou os bolsos do atirador, e encontrou uma pistola carregada.

Depois de desarmar o suspeito, Frank manteve o revólver apontado para o homem enquanto se deslocava devagar até uma cabine de polícia em um poste de rua próximo para pedir apoio.

Em questão de minutos, duas viaturas da polícia apareceram; dois policiais saltaram do carro, jogaram o suspeito no banco de trás e retornaram ao Nove-Zero.

Mais tarde, Frank soube que havia prendido um homem que era procurado por quatro crimes graves. Na noite em que Frank surpreendeu os três homens armados, eles haviam ido longe demais ao intimidar o proprietário de um bar na vizinhança — que era o homem que Frank vira caído no chão — com a intenção de sabotar o negócio dele e de outros comerciantes locais.

Imaginando que seria premiado por sua bravura, Frank apareceu de cabeça erguida para trabalhar no dia seguinte. Mas tudo o que recebeu foram olhares hostis de seus superiores, que quiseram saber por que Frank estava perseguindo criminosos em seu horário de folga. O inspetor perguntou por que ele estava perto da delegacia se não estava em serviço. Também perguntou se a mulher com quem ele havia saído era casada e se estavam tendo um caso.

As perguntas pareciam ridículas, mas Frank respondeu a todas elas. Não, os dois não tinham um caso. Não, ele não estava à procura de encrenca. Sim, ele realmente havia se deparado com um crime em andamento e sentiu que era seu dever ajudar.

Por fim, convencido da sinceridade de Frank, o inspetor apertou a mão dele.

— Bom trabalho — o inspetor disse. — Vou recomendar uma condecoração para você.

De fato, Frank recebeu uma condecoração pública por "imediata e inteligente ação policial". Mas nessa ocasião ele compreendeu o que o policial veterano da academia quis dizer quando comentou que ninguém gosta de um justiceiro.

Frank continuou fazendo o seu trabalho, evitando problemas, prendendo traficantes de drogas e tentando não criar caso. Em um dia particularmente quente de agosto de 1966, ele trabalhou na unidade de perturbação da ordem pública da 13ª Divisão no Brooklyn. Quando ele caminhava pelo estacionamento embaixo do escritório da 13ª Divisão, um colega policial o abordou.

— Você é o Serpico?

— Sim, sou eu.

— Aqui, pegue. Eu estava guardando para você — o tira disse, estendendo um envelope branco e indicando o nome no documento com um insulto antissemita. — É de um tal Judeu Max.

— Quem é ele? — Frank disse, mantendo de propósito a mão ao lado do corpo. — E o que há no envelope?

— Como diabos vou saber? É seu.

O tira colocou o envelope na mão de Frank e se foi.

Frank entrou em seu carro e examinou o envelope com atenção. No canto superior esquerdo, uma sequência de números escritos à mão — começando em 4.000 e decrescendo — havia sido riscada. Abaixo das marcas de riscos via-se o número 300 escrito a lápis.

E dentro do envelope havia três notas de cem dólares.

Frank não fazia ideia de quem era o Judeu Max, mas de uma coisa sabia: o dinheiro do sujeito não pertencia a ele.

E Frank não queria esse dinheiro.

- ALGUMAS CONSIDERAÇÕES SOBRE A POLÍCIA -

Quando penso naqueles dias, me lembro de muito mais do que esse envelope. Me lembro de um departamento de polícia todo degradado.

Sabe a história do prédio em chamas? Da ocasião em que eu salvei todas aquelas pessoas? Deve estar achando que eu recebi uma condecoração, ou que o meu retrato estampou a primeira página do *Daily News*, não é? Mas a verdade é que eu não ganhei nadica de nada. Ninguém jamais disse isso, mas acredito que o departamento me ignorou porque as pessoas que salvei eram negras.

Eis um exemplo do que era a polícia na época: certa vez, quando era um tira novato, eu estava trabalhando com um cara mais velho, e nós dois fomos chamados para um apartamento onde uma mulher estava dando à luz. Quando chegamos ao local, uma mulher negra estava deitada sobre um colchão no chão. Sentados perto dela, seus dois filhos mais velhos esperavam ansiosamente a chegada do bebê. Tudo correu bem, e um menino nasceu sem nenhuma complicação.

Quando saímos do prédio, meu parceiro, um veterano rabugento, me disse o seguinte: "Teria sido melhor para aquele menino se a gente simplesmente tivesse jogado ele no lixo."

O HOMEM MARCADO

Eu sabia que ele tinha dito isso porque o bebê era negro. Isso me deixou enojado. Tive vontade de largar o emprego naquele mesmo instante. E eu disse a esse meu parceiro: "E se esse menino se tornar no futuro um novo James Baldwin?".

Ele me respondeu: "Quem?".

E tudo ficou bem claro. O cara era um ignorante. Ele nunca nem mesmo tinha ouvido falar de James Baldwin, que é um dos grandes escritores e pensadores do século 20.

Isso foi para mim uma lição a respeito da desumanidade do homem para com o homem.

É claro que naquele tempo eu estava apenas começando a descobrir todas essas coisas sobre os meus companheiros de farda — o racismo, a preguiça e a corrupção.

O que nos leva de volta ao envelope.

CAPÍTULO 2

Com o dinheiro na mão, Frank correu os olhos por todo o estacionamento. Alguns policiais estavam passando pelo lugar, dirigindo-se aos seus veículos, mas nenhum pareceu perceber o que tinha acabado de acontecer. Ou talvez não ligassem.

Esses trezentos dólares eram para ele? Eram para o esquadrão?

As pessoas na rua falavam a respeito de suborno a policiais. John Lindsay, que havia sido eleito prefeito em 1965, tinha baseado a sua campanha no combate à corrupção na polícia. Mas será que o sistema estava tão fora dos eixos que os tiras estavam passando maços de dinheiro uns aos outros em plena luz do dia, enquanto seus superiores trabalhavam logo no andar acima?

Frank enfiou o envelope no bolso da camisa, dirigiu de volta para o Nove-Zero e o escondeu no fundo do seu armário.

Não demorou muito para que descobrisse por que havia recebido o dinheiro. Era a sua parte em um recente suborno. O Judeu Max, um chefe do jogo sem dúvida, havia pagado suborno a um policial do Nove-Zero para que o deixasse burlar a lei, e esse policial dividiu o dinheiro com os colegas. Os policiais, em sua maioria, chamavam esse tipo de ganho de "entrada" ou "bloco", mas alguns engraçadinhos chamavam isso de "nozes", porque era sabido que os tiras enterravam o dinheiro em seus quintais, da mesma maneira que os esquilos estocam suas bolotas durante o inverno. Fosse qual fosse o nome dado a esse dinheiro, tratava-se de dinheiro sujo, simples assim.

O PREFEITO LINDSAY CONTRA O CRIME

John Lindsay presta juramento de posse em 31 de dezembro de 1965.

Quando assumiu o cargo em janeiro de 1966, John Lindsay estava determinado a renovar a força policial, que ele considerava "velha e cansada", e prometeu tornar a cidade um "lugar mais saudável, melhor e mais seguro para se viver".

Lindsay pregava a necessidade de que o número de viaturas dobrasse, chegando a 3.200 viaturas, e de que o número de motos policiais triplicasse para 495, para que os habitantes tivessem "vigilância policial móvel contínua em cada quarteirão da cidade".

Era uma tarefa difícil.

As rédeas da cidade foram entregues a Lindsay por Robert Wagner, que havia passado seus doze anos como prefeito no combate ao crime. Wagner ampliou a força policial para 28 mil policiais, duas vezes maior que uma divisão de infantaria armada.

Ainda assim, no final do seu mandato, a cidade tinha mais de dois assassinatos por dia em média.

Lindsay tinha também herdado uma cidade dilacerada por conflitos raciais. Aos olhos de muitos moradores negros, a polícia não só lhes oferecia proteção insuficiente como também os punha na mira mais do que os moradores brancos.

Grande parte da plataforma política de Lindsay era tornar a polícia responsável por suas ações. Para alcançar esse objetivo, ele reformou o conselho de avaliação vigente, tornando-o independente com a inclusão de quatro civis no grupo que já contava com três policiais. O novo conselho era multirracial e investigava queixas de má conduta da polícia.

Porém, o sindicato dos policiais, a Patrolmen's Benevolent Association, opôs resistência a essa mudança, insistindo que os policiais podiam monitorar a si próprios. O ultrajado sindicato orquestrou uma campanha publicitária nos jornais que mostrava uma jovem assustada saindo do metrô sozinha numa rua escura. A legenda dizia: "O Conselho de Avaliação Civil deve ser suspenso. A vida dela... a sua vida... pode depender disso."

Em menos de um ano, um plebiscito com a participação de toda a cidade aboliu o conselho de avaliação — que foi substituído por uma unidade não civil, composta unicamente por policiais.

Nada havia mudado.

Frank não sabia ao certo o que fazer. Ele não queria tomar nenhuma parte nesse esquema. Mas também sabia que seus colegas policiais não confiariam nele se não aceitasse o dinheiro. Frank não queria ser um excluído. Se abrisse a boca para dizer aos colegas que não queria a sua parte das malditas nozes, toda a delegacia se voltaria contra ele. E essa era uma possibilidade assustadora.

Ele precisava se aconselhar com alguém que não estivesse recebendo dinheiro, alguém que estivesse limpo, que não fosse mais um dente de engrenagem na máquina infame.

David Durk era um agente à paisana que Frank tinha conhecido no Curso de Investigação Criminal para se tornar detetive. Frank se lembrou de algo que Durk dissera certo dia. Quando Frank tinha mencionado que o colarinho de Durk estava gasto, Durk respondeu que o usava para mostrar que tinha integridade. Foi apenas um comentário casual, mas não pareceu algo que um tira corrupto diria. E assim eles acabaram se dando bem.

David Durk.

Frank e Durk tinham trinta e um anos, mas as semelhanças terminavam aí. Com um metro e oitenta de altura, Durk tinha dez centímetros a mais que Frank. Filho de médico, Durk se formou no Amherst College e passou um ano na Faculdade de Direito de Columbia. Ele costumava usar ternos de flanela cinza,

CAPÍTULO 2

do tipo que executivos vestiam, e mantinha o cabelo prematuramente grisalho muito bem aparado e penteado. Porém, a maior diferença entre os dois era que Durk tinha conexões, e havia feito a maioria delas. Durk tinha entrado para a força policial em 1963, quatro anos depois de Frank, e já havia passado de agente de patrulha no Harlem para detetive no Departamento de Investigação. O DOI, unidade especial responsável por investigar funcionários da cidade, reportava-se diretamente ao prefeito Lindsay.

Apesar de suas diferenças, esses dois homens acreditavam no serviço público. E ambos se opunham firmemente ao recebimento de propinas. Nas palavras de Durk, ser policial era "ajudar uma idosa a caminhar pelas ruas em segurança" e cuidar para que "um lojista possa ganhar a vida sem precisar manter uma espingarda escondida sob a caixa registradora".

Era o tipo de cara que Frank admirava.

Frank convidou Durk para uma conversa em seu apartamento, e contou toda a história, desde os pequenos subornos até o envelope enviado pelo Judeu Max.

Quando Frank falou sobre os trezentos dólares, Durk se inclinou para a frente na cadeira.

Durk disse que tinha ouvido falar sobre coisas pequenas — um dono de bar pagando os tiras para que deixassem seus clientes estacionarem em faixa dupla, ou um guarda "molhando a mão" de um oficial de chamada em troca de uma tarefa tranquila. Mas o que Frank acabara de lhe contar parecia indicar um sistema mais organizado, como se os policiais estivessem administrando um negócio.

— O capitão da sua delegacia sabe? — Durk perguntou a Frank.

— Não sei dizer. Mas mesmo que saiba, duvido que se importe.

Durk concordou com um aceno de cabeça e foi até o pequeno bar próximo da janela.

— Isso pode chegar até o topo — Durk comentou, servindo-se de um pouco de uísque.

— Não é nenhuma surpresa — Frank disse. — É por isso que te procurei. Você trabalha em investigações, então comece a investigar.

— Sim, é claro, mas nós dois sozinhos não vamos dar conta disso. Precisamos que alguém de cima se junte a nós, alguém com algum poder. — Durk ficou andando pela sala, girando o uísque no copo. — Acho que a gente deveria levar esse caso ao meu capitão no DOI.

— Está falando do Foran? — Frank disse. — Não sei se dá pra confiar nesse cara. Por que não vamos direto ao topo? Vamos levar isso para o Fraiman.

Durk balançou a cabeça numa negativa. Arnold Fraiman era comissário no DOI, e ninguém ali tinha uma posição mais alta que a dele. Mas estava claro que Durk não gostava da ideia de se encontrar com ele.

— Não conheço Fraiman bem o suficiente, Frank.

— É, e eu não sei nada sobre o Foran.

— Por Deus, Frank, o cara está limpo. O Foran é o policial mais honesto que eu conheço. Está achando o quê? Que é o único tira limpo da corporação?

Frank não respondeu, porque a sua resposta teria sido "sim".

Durk deu a Frank um resumo do seu relacionamento com Foran. Eles haviam se conhecido ao frequentar aulas noturnas no Baruch College, e passavam horas tentando encontrar ideias para combater a corrupção policial. E Foran acabou chegando ao comando do esquadrão de detetives do DOI.

— Vou providenciar uma reunião no DOI amanhã — Durk disse, e bebeu o resto do uísque.

E também disse a Frank que não se esquecesse de levar o envelope. Esse era o tipo de prova palpável de que eles precisavam se quisessem acusar de corrupção um departamento inteiro de polícia.

O DOI ficava na rua Pine, 50, num prédio dilapidado de doze andares, considerado tão perigoso que a cidade determinou que fosse desocupado no início daquele ano. Mas o departamento continuou realizando as operações nesse endereço, e o escritório do capitão Philip Foran ficava no último andar.

Com Durk ao seu lado, Frank se postou diante da mesa de Foran e contou tudo o que sabia: os subornos, a corrupção, o "bloco". Falou até sobre o costume de dormir em serviço.

Recostado na cadeira, enquanto ouvia Frank, o capitão abriu o envelope do Judeu Max e manuseou o dinheiro.

— Por que diabos você foi pegar um envelope cheio de dinheiro de alguém que você não conhece?

Frank não tinha certeza se Foran esperava uma resposta, mas respondeu mesmo assim.

— Eu já disse, não sabia o que havia no envelope. O cara me entregou isso e eu peguei. Mas a questão não é o envelope. A questão é que esse tipo de suborno está sendo feito por toda a delegacia, e deve estar acontecendo no departamento inteiro.

Foran era o retrato do policial. Ele vestia seu uniforme dentro das normas e parecia muito cheio de si. Apoiou os dois cotovelos sobre a mesa e lançou um olhar duro na direção de Frank.

— Você quer insistir com isso? — ele disse. — Vai ter que levar para o comissário Fraiman. Mas se fizer isso, saiba que terá que ficar diante de um grande júri. Então todos vão saber que você está delatando os tiras; e quando a coisa toda acabar, você vai parar no East River, boiando de barriga para baixo.

Frank olhou de relance para Durk antes de responder:

— Capitão, eu só estou aqui porque...

— Ou — Foran disse, interrompendo Frank com a mão estendida no ar — você pode ficar de boca fechada e fingir que a coisa toda jamais aconteceu.

Frank respirou fundo.

— Certo, acho melhor deixar isso pra lá — ele disse, imaginando que Foran fosse corrupto, preguiçoso ou medroso. — Mas o que devo fazer com o dinheiro? Eu não quero esse dinheiro.

— Isso é problema seu — Foran respondeu, levantando-se e conduzindo Frank e Durk até a porta. — Não tenho nada a ver com isso.

Frank deixou o escritório de Foran do mesmo jeito que havia entrado: segurando trezentos dólares que ele nunca quis, para começo de conversa.

— Me desculpe, Frank — Durk disse. — Nunca passou pela minha cabeça que Foran fosse um covarde.

— Eu avisei que seria muito difícil conseguir um aliado para prosseguir nisso. Se o próprio Foran não estiver envolvido nisso, então ele deve conhecer alguém que está. O melhor é desistir. Não posso levar adiante. Não quero trabalhar num lugar onde eu seja o único cara que quer fazer o trabalho direito.

— Você tem uma escolha, sabia? — Durk argumentou. — Pode testar o sistema. Vá até os seus superiores e obrigue o departamento a fazer alguma coisa, ou os exponha por não tomarem nenhuma providência. E se os caras no topo estiverem envolvidos na sujeira, você os pegará por coisa muito pior do que apenas se fingirem de cegos.

Frank pensou no que Durk disse. Mas acima de tudo, se lembrou das palavras que seu pai um dia lhe dissera na sapataria: "Jamais fuja quando você estiver certo."

— Tudo bem — Frank disse. — Vamos fazer uma nova tentativa.

Uma semana depois, Frank abordou o seu sargento no Nove-Zero e disse que precisava falar com ele em particular. Conduziu o sargento até o vestiário dos agentes à paisana, e depois de se certificar de que estavam sozinhos, abriu o seu armário e retirou de dentro de lá o envelope.

— Eu não quero isso — Frank disse.

O sargento fez que sim com a cabeça e disse que compreendia. Então pegou o envelope de Frank, tirou o dinheiro e o colocou no próprio bolso.

Não demorou muito para que todos na delegacia soubessem sobre o dinheiro. Frank não ouvia as conversas, mas com base na maneira como o estavam tratando, não era difícil imaginar o que estava sendo dito: *Não confie no Frank; ele não é um de nós. Tome cuidado e fique longe dele.*

A situação só piorou quando Frank começou a fazer prisões por conta própria. Certo dia, trabalhando em seu turno, Frank estava sentado em um bar, vestindo uma calça jeans encardida e uma jaqueta do exército surrada; ele vigiava um chefe do jogo ilegal. Assim que o sujeito tirou do bolso uma pilha de recibos de apostas, Frank avançou até ele, exibiu o seu distintivo e o prendeu. Mas quando voltou à delegacia para processar a prisão, seus colegas policiais o fuzilaram com olhares hostis. Ele logo descobriu que os policiais já tinham arrancado dinheiro do sujeito — haviam ficado com parte dos lucros para deixá-lo em paz.

Estava claro para Frank, e pelo visto para cada um dos policiais do Nove-Zero, que Frank não era mais bem-vindo ali. Aos olhos deles, Frank estava atrapalhando os negócios. Aos olhos de Frank, esses tiras eram hipócritas, porque sabiam que as apostas não parariam em dez dólares em um jogo de futebol. Como podiam fingir que não sabiam disso? Esse dinheiro logo voltaria às ruas na forma de heroína. Era uma rede simples de entender: os chefes do jogo locais enviavam os lucros para um peixe maior. Os policiais mais acima na hierarquia usavam o dinheiro para comprar heroína, distribuíam para as crianças na rua e ganhavam uma fortuna no processo.

Frank tentou conseguir uma transferência para o departamento de narcóticos na baixa Manhattan. Ele apareceu no departamento usando roupas normais, esperando impressionar o inspetor com o seu disfarce — cabelo comprido, calça jeans, sandálias —, mas logo sentiu que não era bem-vindo ali também.

E não demorou para descobrir que tinha razão.

A narcóticos o rejeitou, mas não porque ele fosse o único policial limpo do Nove-Zero. Ao contrário. Pelo que Frank notou, dizia-se no departamento de narcóticos que os agentes à paisana que trabalhavam nos bairros combatendo a atividade de jogo ilegal recebiam suborno. Sendo assim, apesar da ficha imaculada, Frank carregava consigo o fedor da desonestidade dos colegas sujos pela corrupção.

O ESCÂNDALO HARRY GROSS

Harry Gross deixa o tribunal depois da sua acusação, 1950.

No início dos anos de 1950, um homem nascido no Brooklyn chamado Harry Gross quase pôs abaixo todo o Departamento de Polícia de Nova York. Gross liderava uma operação de jogo ilegal que faturava 20 milhões de dólares por ano, a maior da cidade. Seu império, que ele dirigia de um restaurante no Brooklyn chamado Dugout, estendia-se por toda a cidade e pelos subúrbios. Instalado num compartimento no fundo do restaurante, Gross controlava um exército de mais de quatrocentos funcionários que faziam apostas, atendiam telefonemas, recolhiam dinheiro e entregavam pagamentos.

Para evitar que o prendessem, Gross pagava aos policiais mais de 1 milhão de dólares por ano; ele dava a esse dinheiro de propina o nome de "gelo". Para Gross, os pagamentos eram simplesmente o preço para manter o negócio funcionando. Ele chegava a pagar "gelo duplo" no Natal e em períodos de grandes lucros.

Quando o promotor público do Brooklyn o investigou, Gross "virou a casaca" e entregou os nomes dos tiras que faziam parte da sua folha de pagamento. Havia mais de cem nomes, de agentes à paisana até oficiais do mais alto escalão. Um dos principais assistentes de Gross testemunhou na corte que as propinas eram tão vultosas que "eram necessários dois homens para carregar os pacotes de dinheiro".

No final, vinte e dois policiais foram condenados; outros duzentos e quarenta deixaram a força ou foram demitidos. O escândalo também ajudou a derrubar o prefeito William O'Dwyer e o comissário de polícia William O'Brien; ambos renunciaram aos seus cargos. Gross recebeu uma sentença reduzida em troca de seu testemunho contra a polícia, e foi para a prisão por oito anos.

Na esteira do caso Harry Gross, o departamento de polícia lançou-se numa cruzada pública, fechando a maioria das operações de jogo espalhadas pela cidade. Mas isso não durou muito tempo.

Em dezembro de 1966, Frank foi novamente transferido, dessa vez para a unidade de agentes à paisana da 7ª Divisão, um território que incluía quatro delegacias no sul do Bronx. O trabalho da unidade era fazer cumprir as leis de apostas na área de mais de dezoito quilômetros quadrados, que continha mais de meio milhão de residentes. No passado, esse bairro abrigava uma sólida classe média, mas encontrava-se agora arruinado pela pobreza, pelas drogas e pela negligência. E assim como muitos outros bairros pobres de Nova York, estava tomado pelo negócio do jogo ilegal.

Frank não conhecia ninguém nesse bairro a não ser Robert Stanard, um agente à paisana que havia trabalhado com Frank durante algum tempo no Sete-Zero. Mas Frank e Stanard não poderiam ser mais diferentes um do outro. Ao contrário de Frank, que exibia uma aparência de hippie desmazelado, Stanard tinha todas as características de cara durão: físico robusto, queixo quadrado, o hábito de falar usando um lado da boca. Ele usava óculos de tartaruga, e por isso os tiras da Sete-Zero costumavam chamá-lo de Clark Kent.

Em 2 de janeiro de 1967, Stanard pediu a Frank que o acompanhasse numa queixa civil.

— Claro — Frank disse, vestindo uma jaqueta surrada que não levantaria suspeita nas ruas.

Eles entraram em um carro descaracterizado e foram até o Otto's Bar and Grill, uma espelunca próxima do Yankee Stadium. O lugar estava vazio — ainda não era nem meio-dia —, mas fedia a uísque velho e cigarros.

Stanard foi direto para o balcão e pediu duas cervejas, uma para ele e uma para Frank. Então conduziu Frank até um assento no balcão, a algumas banquetas de distância da única outra pessoa que havia no lugar — um sujeito atarracado com cabelo ralo.

Quando o bartender se afastou, Stanard indicou com um gesto de cabeça o homem sentado no balcão.

— Aquele ali é o Pasquale Trozzo.

Frank deu uma olhada no homem. Trozzo estava posicionado ao lado de uma fileira de telefones públicos, um dos quais tocava a intervalos de alguns minutos. Ele sempre atendia — as

CAPÍTULO 2

chamadas duravam apenas segundos — e cada vez que desligava, ele rabiscava algo em seu caderno. O cara na certa estava marcando apostas, muito provavelmente no Rose Bowl e no Orange Bowl, os grandes jogos de futebol americano universitário que aconteceriam mais tarde naquele mesmo dia.

Ainda mais suspeito era o fluxo constante de homens que entravam no bar. Assim como as chamadas telefônicas, as conversas de Trozzo com esses homens duravam menos de um minuto. Eles se cumprimentavam e murmuravam algumas palavras, que Trozzo anotava em seu caderno. Não havia lei que proibia que se bebesse num bar. Mas havia uma lei que proibia comandar operações de jogo — e era o que Trozzo estava fazendo. Ele nem mesmo se dava ao trabalho de esconder isso.

Stanard foi falar com Trozzo.

— O que há de errado com você? — Stanard disse. — Fomos bem claros quando mandamos que você ficasse longe do Otto. As pessoas não te querem aqui. Agora temos uma queixa contra você.

Trozzo olhou a sua volta, aparentemente tentando descobrir quem o havia delatado.

— Eu não sabia que o lugar era encrenca. No duro.

— Ah, não, Trozzo. Não me venha com conversa.

— Hoje é um grande dia — Trozzo disse, tentando argumentar com Stanard. — Vou te dar cem contos dos lucros de hoje.

— Cem, é? — Stanard repetiu com desânimo na voz.

— Tudo bem, tudo bem, quatrocentos então — Trozzo ofereceu.

— Assim é melhor — Stanard disse. — Mas recebemos uma queixa, por isso ainda temos que prender você. Relaxa; vamos pegar leve com você.

Frank ficou de boca fechada; afinal, a prisão não era dele. Mas toda a cena que presenciou não lhe causou surpresa alguma.

Na manhã seguinte, Frank se deparou com Stanard no escritório dos agentes à paisana na 48ª Delegacia.

— Aquele mentiroso filho da puta do Trozzo — Stanard disse, recostando-se na cadeira. — Me deu só duzentos contos porque eu registrei queixa contra ele.

Ele estendeu uma nota dobrada de cem dólares para Frank, que não quis pegar o dinheiro.

— Pode ficar — Frank disse. — Você fez o trabalho todo, foi uma prisão sua.

Stanard moveu o polegar em direção à porta.

— Vamos dar uma volta, Frank.

Eles saíram da delegacia e entraram em um carro descaracterizado.

— É uma oportunidade — Stanard disse quando eles transitavam pelo bairro. — Dá para fazer dinheiro fácil. Estou falando de oitocentos por mês, talvez mais. Consegui 60 mil dólares em dois anos, isso sem contar o "bloco".

— Eu estou bem sem isso — Frank respondeu.

Os dois policiais se mantiveram em silêncio por alguns minutos.

— Sabe, Frank, a gente recebeu uma ligação sobre você. O cara não deu o nome dele, mas disse que você não é de confiança.

— Por quê? Porque eu não pego dinheiro?

— Sim, deve ser isso. Mas eu disse para eles que você é gente boa. Falei que costumávamos trabalhar juntos no Sete-Zero. Quer dizer, você é meio esquisito, com essas roupas que fica usando e esse seu jeito de andar no Village e tal, mas você é legal.

E então Stanard disse a Frank que os policiais da 7ª Divisão não estavam fazendo nada de errado.

— Eles só tiram algum dinheiro das operações de apostas, Frank. Os chefes pagam de bom grado. Para eles, é o preço a pagar para se manterem no negócio.

— Essas coisas que vocês fazem não são da minha conta — Frank respondeu. — Eu cuido do meu lado, faço o que tenho de fazer. — Frank só não disse que fazer o que tinha que fazer incluía vigiar as operações desonestas da delegacia.

— Bem, se você não gosta disso, pode falar comigo. Dá para eu conseguir uma transferência. Talvez você prefira trabalhar na Times Square e prender prostitutas.

Mas essa era a última coisa que Frank desejava. Dessa vez ele queria ficar. Agora ele queria ficar perto dos policiais corruptos.

Agora ele estava fazendo anotações.

- ALGUNS ESCLARECIMENTOS -

A ESSA ALTURA, VOCÊ DEVE ESTAR SE PERGUNTANDO POR QUE EU simplesmente não deixei a polícia. Pensando bem, eu também me pergunto isso. Mas até o momento em que peguei aquele envelope do Judeu Max, eu não fazia ideia de que as coisas estavam tão ruins. Eu acreditava que pudéssemos ter um ou dois tiras pilantras, mas não passava pela minha cabeça que o sistema estivesse tão podre assim.

Além disso, naquela idade, eu era ingênuo a ponto de acreditar que os meus superiores iriam querer dar um fim nesse problema. Eu estava convencido de que encontraria alguém na polícia que não soubesse sobre o "bloco" — o dinheiro que os tiras estavam embolsando. Eu imaginava que quando chamasse atenção para o problema, haveria uma grande investigação, e o departamento sofreria uma limpeza completa.

Eu estava enganado.

Pensando nisso agora, percebo quão sozinho estava. Todos aqueles policiais gostavam de manter o "bloco", e faziam tudo o que fosse necessário para justificar as suas ações. Me lembro de um policial que sugeriu que eu aceitasse os subornos e colocasse o dinheiro na caixa dos pobres na igreja. Ele via isso como uma boa ação.

"Dinheiro sujo para os pobres?", falei para ele. "Cadê a sua consciência?"

É preciso compreender também que os tiras não gostavam que eu quisesse ficar sozinho. Isso os incomodava muito; eles tinham medo que eu os entregasse. Eles não confiavam em mim.

Continue lendo e você entenderá o que quero dizer.

CAPÍTULO 3

A vida era boa para os tiras que trabalhavam na 7ª Divisão.

Ninguém dizia a eles o que fazer nem prestava muita atenção aos seus movimentos. Enquanto estavam em serviço, iam ao cinema, a bares; os que moravam no subúrbio ainda faziam reuniões nas casas uns dos outros para nadar em piscinas ou fazer churrascos. Eles tinham de ligar regularmente para a delegacia de polícia, mas a central telefônica quase nunca era monitorada.

Para Frank, parecia que a única tarefa que eles levavam a sério era recolher o dinheiro do "bloco" e satisfazer seus clientes gângsteres. Aqui e ali, de vez em quando, eles faziam uma prisão "correta"; nada muito significativo, apenas o bastante para continuar exibindo uma aparência de legitimidade.

Era revoltante, porque eles poderiam ser bons policiais. Tinham conexões. Sabiam como solucionar crimes. Se quisessem, poderiam ter limpado o distrito inteiro num piscar de olhos.

Frank continuou realizando o seu trabalho de maneira honesta, mantendo-se longe de manobras e tramoias, e ficou surpreso quando um dos policiais da 7ª Divisão, Carmello Zumatto, perguntou se ele queria participar do "bloco". Os dois estavam bebendo no apartamento de Zumatto no Bronx, um lugar que ele mantinha estritamente para socializar — e que sem dúvida pagava com dinheiro sujo.

Zumatto sentou-se no sofá, enfiou a mão sob uma almofada e puxou para fora um envelope estufado que continha o ganho mensal da divisão. E começou a contar o conteúdo do envelope.

— E então? — Zumatto disse. — Está dentro?

Frank olhou para Zumatto, de rosto gordo e olhos redondos. Será que o sujeito não havia sido informado que Frank não era um dos caras do esquema?

— Não — Frank respondeu. — Pode fazer o que você bem entender. Só me deixe fora dessa.

— Entendo — Zumatto comentou com um aceno de cabeça. — Vou fazer o seguinte. Vou separar a sua parte e guardá-la para você. Quando você quiser pegar o que é seu, é só falar. Que tal?

— Como eu disse, faça o que você bem entender, mas eu não quero.

Depois disso, Zumatto parou de insistir para que Frank ficasse com o dinheiro; mas continuou ele próprio aceitando os subornos.

Em certa ocasião, Frank e Zumatto saíram à rua para investigar informações contidas numa carta enviada à delegacia pela mãe de um adolescente. A mulher temia que o filho estivesse envolvido na loteria dos números. Ela acreditava que o filho estivesse trabalhando para Brook Sims, um chefe do jogo local. Era grande a probabilidade de que seu garoto fosse um dos mensageiros que transportavam dinheiro e recibos de apostas das operações de Sims.

Em um carro descaracterizado, Frank e Zumatto foram até o quarteirão onde Sims costumava trabalhar.

— Vamos pegá-lo — Zumatto disse a Frank quando avistaram Sims fazendo suas rondas.

Eles cercaram Sims, abordaram-no e o revistaram. A quantidade de recibos de apostas que o cara tinha em seu poder era mais que suficiente para justificar uma detenção.

— Opa, opa, calma aí — Sims reclamou, claramente confuso. — Que é isso? Vocês não estão com a divisão? Eu já molhei o bico de vocês, pessoal.

Zumatto disse a Sims que eles haviam recebido uma queixa de alguém no bairro.

— Temos que levar você com a gente.

— Meu Deus, eu não posso ir agora! — Sims respondeu. — Estou perdendo dinheiro só por ficar aqui de papo. Não dá para

CAPÍTULO 3

encontrar vocês na delegacia, não? Só umas horinhas. Eu estarei lá às quatro e meia.

— Tá bom — Zumatto disse. — Mas esteja lá às quatro e meia em ponto. Não nos faça vir atrás de você de novo.

No trajeto de volta à delegacia, Frank perguntou a Zumatto o que diabos havia acabado de acontecer.

— Só pode ser brincadeira sua. Deixou aquele cara decidir quando vai ser preso?

— Frank, relaxa — Zumatto disse. — O Sims é gente boa, ele vai aparecer. Sempre aparece. A gente faz um teatro na hora de prender o cara, e pela manhã ele sai livre. Todo mundo ganha.

No entender de Frank, porém, todos perdiam: Sims voltaria para as ruas, e o filho daquela mãe continuaria trabalhando no negócio de apostas ilegais.

Mas numa coisa Zumatto tinha razão: Sims deu as caras na delegacia no horário prometido. Às quatro e meia em ponto, ele entrou na delegacia com um punhado de recibos de apostas no bolso. Só que dessa vez ele tinha menos recibos do que antes. Então ele não poderia ser acusado de crime grave. No final das contas, Zumatto o acusou de um delito menor, e como era de se esperar, o caso foi arquivado no dia seguinte. E era dessa maneira que o sistema funcionava: a polícia fazia milhares de prisões todo ano, mas criminosos pequenos recebiam o equivalente a um puxão de orelha — apenas um terço deles acabou condenado.

Certo dia, quando Zumatto estava ocupado no tribunal, Frank trabalhou em parceria com Robert Stanard, o policial que havia levado Frank ao Otto's Bar and Grill para arrancar dinheiro de Pasquale Trozzo. Eles dirigiram até uma casa numa área residencial no sul do Bronx.

Stanard encostou a viatura de polícia no meio-fio. Um homem saiu de uma casa de tijolos vermelhos de dois andares e caminhou até o lado do motorista da viatura. Stanard baixou o vidro.

— Esse aqui é o Frank — Stanard disse, apontando o polegar na direção de Frank. — Tá tranquilo, ele é um de nós.

O homem, que era porto-riquenho, apertou a mão de Frank.

— Presta atenção — Stanard disse a ele. — A delegacia está de olho em você. Eles têm mandados para a sua loja de doces e a sua alfaiataria.

— Ah, Cristo, valeu por avisar — disse o homem. — Vou parar de aceitar apostas até as coisas esfriarem.

Depois que o homem foi embora, Stanard olhou para a casa de dois andares e balançou a cabeça com desgosto.

— Mas que sacana sovina — comentou, colocando o carro em movimento. — Se fosse um macarrone talvez prestasse pra alguma coisa… Quem sabe se eu levasse uns cinquentinha, ou pelo menos uma boa garrafa de uísque.

Stanard na certa sabia que "macarrone" era um termo pejorativo para descendentes de italianos, mas não parecia se importar por ter acabado de insultar a linhagem de Frank. Ainda mais surpreendente para Frank foi perceber que Stanard não recusaria nem uma garrafa de bebida grátis. Nos idos anos de 1967, um policial de Nova York ganhava cerca de 8 mil dólares por ano, e com as horas extras, esse valor poderia alcançar 10 mil. Era um salário decente, um pouco maior do que a média do salário americano e em pé de igualdade com o de bombeiros e professores.

Por que então caras como Stanard faziam questão de cada centavo sujo?

Frank já não fazia mais perguntas a respeito disso, porque as respostas geralmente se resumiam ao sentimento dos policiais de que mereciam isso. E as respostas estavam ficando previsíveis: *"A gente dá duro. É dinheiro sujo, mesmo. Não estamos prejudicando ninguém."*

Mas não era verdade, e Stanard devia saber disso. Os chefes do jogo ilegal também estavam destruindo a vida de crianças, de adolescentes e de famílias inteiras ao colocar drogas como a heroína nas ruas. Frank não podia deixar que se safassem — não se quisesse ter a consciência tranquila.

AS RAÍZES DA CORRUPÇÃO

Nessa charge política de 1895, o Washington Post condena o prefeito Strong por ter afastado às pressas Theodore Roosevelt do seu cargo no serviço público na capital do país para reformar a polícia de Nova York.

Desde que o Departamento de Polícia de Nova York foi formado em 1845, o "bloco" foi parte da polícia tanto quanto o uniforme com botões de latão.

No final do século 19, a corrupção estava tão fora de controle que o estado de Nova York formou um comitê para investigar transgressões no departamento. O relatório do Comitê Lexow concluiu que os policiais da cidade exigiam pagamentos regulares de bordéis, bares, salões de bilhar e casas de jogo ilegal. Tratava-se de um sistema que gerava muitos milhões de dólares todos os anos e que colocava dinheiro nos bolsos dos tiras, desde simples guardas patrulheiros até inspetores de alto escalão.

Uma das provas mais incriminadoras veio de Thomas Byrnes, o superintendente do Departamento de Polícia de Nova York. Byrnes testemunhou que possuía um patrimônio de 350 mil dólares, o equivalente a 12 milhões de dólares nos dias de hoje. Como um funcionário público com salário de 5 mil dólares por ano poderia se tornar tão rico? Byrnes disse que Cornelius Vanderbilt e Jay Gould, dois dos homens mais ricos da América, haviam investido o dinheiro de Byrnes para ele. Ocorre que Byrnes tinha um relacionamento suspeito com os dois homens mencionados; ele teria impedido que sindicatos ganhassem força nas áreas de trabalho desses homens.

Alguns meses depois que o comitê publicou o relatório, o prefeito William Strong nomeou Theodore Roosevelt presidente do Conselho de Comissários da Polícia da cidade. Ao aceitar o cargo, Roosevelt escreveu para a sua irmã Anna: "Tenho em mãos o departamento mais importante de Nova York, e também o mais corrupto... E sei bem quão difícil é a tarefa que me aguarda."

A primeira providência de Roosevelt foi aceitar o pedido de demissão de Byrnes. Depois se livrou de todos os policiais que haviam sido apanhados recebendo propinas, e incentivou veteranos a se aposentar. Ele também percorreu pessoalmente a cidade em busca de policiais que estivessem dormindo em serviço ou frequentando bares no horário de serviço. E deu fim ao apadrinhamento. Os policiais não podiam mais subir na escala hierárquica por meio de suborno; teriam que conquistar suas promoções ao promover o seu valor por si mesmos.

Dois anos depois, Roosevelt deixou o cargo para se tornar secretário adjunto da marinha. Mais tarde, ele se tornaria o vigésimo sexto presidente dos Estados Unidos.

Frank acreditava que o departamento de polícia podia ser reabilitado, mas não conseguiria fazer isso sozinho. Ele teria que chamar a atenção de um supervisor que tivesse coragem para mudar as coisas, não um fantoche como Foran.

CAPÍTULO 3

Diferente de Durk, Frank não tinha conexões. Mas conhecia um sujeito que poderia ser capaz de ajudar.

Quando estava arquivando impressões digitais no Departamento de Identificação Criminal, Frank conheceu um capitão chamado Cornelius Behan. Agora ambos frequentavam aulas de criminologia na John Jay College of Police Science. Frank estava ciente da posição hierárquica de Behan: ele era administrador na divisão de moral pública do Escritório do inspetor-chefe.

Um indivíduo nessa posição tinha que ter contatos com pessoas do topo no departamento, por isso Frank tentou a sorte. Assim que voltou a se encontrar com Behan, Frank foi direto ao ponto e o colocou a par do principal: que os policiais da 7ª Divisão eram corruptos; que estavam aceitando suborno. Frank queria que alguém tomasse alguma providência a esse respeito.

— Tem tempo para uma conversar?

— Claro, mas você está lidando com um assunto muito delicado — Behan disse, olhando para um lado e para outro no corredor.

O saguão de um prédio não era o melhor lugar para se ter tal conversa, principalmente porque o prédio era uma escola cheia de policiais que estudavam à noite.

— Estou de carro — Frank disse. — O que acha de conversarmos lá?

— Perfeito. Eu tenho que pegar um trem depois da aula. Se você me encontrar na esquina da Décima Terceira com a Quarta Avenida, pode me levar até a Penn Station.

— A gente se encontra lá.

Frank observou Behan enquanto ele se afastava pelo corredor. O cara tinha a aparência de um policial — sobretudo cinza espinha de peixe, chapéu de feltro cinza, maleta quadrada —, mas parecia ser uma pessoa honesta. Frank confiava nele.

Ele não tinha escolha.

O HOMEM MARCADO

Naquela noite, Frank esperou em seu carro na esquina da 13th Street com a Quarta Avenida com o motor ligado. Behan apareceu na hora combinada, e Frank estacionou o carro em fila dupla, numa rua lateral mal iluminada.

— A 7ª Divisão é corrupta — Frank disse sem rodeios. — E mais: a mesma coisa acontece com todos os outros destacamentos à paisana para os quais eu fui designado desde que saí da academia.

Frank prosseguiu a partir desse ponto, dizendo a Behan como os policiais na divisão estavam dividindo o "bloco" e como cada um deles embolsava pelo menos oitocentos dólares em propina.

Cada um dos policiais, exceto Frank.

— Estamos falando de quem? — Behan perguntou. — Você pode me dar nomes?

Frank balançou a cabeça numa negativa.

— Eu não vou fazer isso. Não se trata de apanhar uns poucos policiais corruptos. O que está em jogo aqui é o sistema inteiro. E a coisa chega até o topo da hierarquia.

Behan ficou em silêncio; ele parecia estar digerindo o que tinha acabado de ouvir. Depois de alguns momentos, falou:

— Aguente firme. Vou ter uma reunião com John Walsh em breve. Veremos o que ele tem a dizer a respeito desse assunto.

Quando chegaram à Penn Station, Behan desceu do carro dizendo a Frank que manteria contato. Mas as palavras dele continuaram ecoando nos ouvidos de Frank por um longo tempo depois disso.

John Walsh?

Era bom demais para ser verdade. Walsh era o segundo policial mais poderoso da cidade. Ele não estava subordinado a ninguém com exceção do comissário Howard Leary. Walsh fez fama espionando policiais corruptos. O *New York Times* o chamou de "o maior espanta-moscas que já se viu". Comissários iam e vinham, mas

CAPÍTULO 3

Walsh permanecia — fazendo com cuidado e em silêncio um trabalho que outros policiais não queriam fazer.

Comissário de Polícia Howard Leary.   John Walsh, primeiro subcomissário.

Quase todos os policiais conheciam a história de Walsh. Ele havia começado como um guarda de patrulha, e trilhara uma carreira de sucesso até se tornar subcomandante. Se descobrisse que um policial estava usando o emprego para lucrar, Walsh tomaria sem hesitar a arma e o distintivo dele.

Era difícil imaginar que Walsh não quisesse varrer a corrupção da polícia de uma vez por todas.

Behan manteve a sua palavra, e em fevereiro de 1967, ligou para Frank.

— Tenho boas notícias para você, Frank — Behan disse. — Eu me encontrei com o Walsh, e ele ficou feliz por saber que um homem íntegro surgiu. Ele disse que está impressionado com o seu desejo de seguir em frente nisso. Estava esperando que alguém como você aparecesse.

Isso era ainda melhor do que Frank havia imaginado.

— É muito bom ouvir isso — Frank disse. — Quando posso me encontrar com ele?

— Walsh considerou retirar você da 7ª Divisão e colocá-lo no combate à corrupção. Mas acha que é mais inteligente deixar as coisas como estão para que você possa continuar reunindo informação.

— Com todo o respeito, capitão, eu já disse que não quero incriminar colegas policiais. Quero me encontrar com o Walsh o quanto antes para explicar o que está acontecendo. Não é só a 7ª Divisão. O departamento inteiro está deteriorado e tem que ser investigado desde a base.

Frank esperou pela resposta, mas ela não veio. Quase dava para ouvir Behan pensando.

— E aí, capitão?

— Continue firme onde está, Frank. Entrarei em contato.

E Behan desligou o telefone.

Assim, Frank permaneceu na 7ª Divisão, cercado por todos os lados de extorsão e suborno, mas tentou enxergar o lado positivo dos acontecimentos. Pelo menos ele havia conseguido levar sua queixa a um policial de alto escalão. Além disso, Behan não disse que Walsh não se encontraria com ele. Disse apenas que não se encontraria com ele *ainda*.

Algumas semanas mais tarde, Behan telefonou para Frank e lhe pediu para encontrá-lo no domingo à tarde, na rampa da Saída 10 da Via Expressa Van Wyck, no Queens. Frank estava a ponto de salivar. Se Behan queria que se encontrassem, então devia ter alguma boa informação para lhe dar.

O domingo estava frio e chuvoso. Frank saiu do seu apartamento e trotou até o carro. Junto com ele estava David Durk, que insistira em acompanhá-lo.

— Eu também faço parte disso — Durk dissera.

CAPÍTULO 3

Essa afirmação não era totalmente verdadeira; afinal era Frank quem estava na mira do departamento. Mas levar Durk ao encontro tinha as suas vantagens, e a mais importante delas era que Frank teria uma testemunha para o encontro.

Quando o carro de Frank chegou à rampa de saída, Behan estava esperando. Ele havia estacionado o carro no acostamento da estrada e estava recurvado sobre o para-lama dianteiro, aparentemente alheio à garoa leve que molhava a aba do seu chapéu e os ombros do seu sobretudo.

Frank parou seu carro ao lado do de Behan e desceu, deixando Durk sentado no banco do passageiro e o limpador de para-brisa ligado. O ar cheirava a alcatrão úmido e fumaça de automóvel.

— Mas que droga é essa? — Behan disse a Frank, acenando com a cabeça na direção de Durk. — Eu escolho um lugar afastado justamente para que ninguém possa nos ver, e você traz junto um amigo? Esqueceu o significado da palavra "confidencial"?

— Ele está comigo — Frank respondeu, falando mais alto que o necessário para não ter a voz encoberta pelos carros que passavam velozes pela rodovia abaixo deles. — Ele é de confiança.

— Por mim ele pode ser até o George Washington. Vim me encontrar com você, não com ele.

— Bom, estamos aqui agora.

— Tudo bem, tudo bem, é o seguinte — Behan disse, ainda visivelmente irritado. — Contei para o Walsh o que você me contou. Ele quer que você continue na divisão. Basta continuar fazendo o que está fazendo.

— Eu farei o que ele achar que é preciso. Mas pensei que você tivesse me chamado aqui para me dizer alguma novidade.

— Mas isso é novo — Behan retrucou. — Porque foi o Walsh quem disse isso.

— Veja, senhor, encontrá-lo dessa maneira me deixa um pouco nervoso, porque eu ainda trabalho na divisão. Se isso vazar, se ficarem sabendo...

65

— E como é que isso vazaria? Você é o cara que está trazendo amigos para as nossas conversas.

Frank ficou em silêncio, e Behan respirou fundo.

— Escute — Behan disse. — Walsh se encontrará com você onde e quando você quiser. Basta que diga o lugar. Ele virá até você seja onde for, nem que seja numa estação no fim do mundo de qualquer metrô nesta cidade dos infernos. Isso mostra o quanto ele está empenhado em proteger a sua identidade.

— Tudo bem, tudo bem, já entendi.

— Mas, por enquanto, volte ao trabalho e fique de olhos bem abertos. Walsh entrará em contato.

Ele entrou no carro e partiu. Frank também voltou para o carro, onde um Durk muito ansioso mal podia esperar para saber o que havia acontecido.

— E então? — Durk disse.

— Acho que vou trabalhar sob disfarce para o Walsh — Frank respondeu. — Eu gostaria de me encontrar com o cara, mas que alternativa tenho?

Enquanto dirigia de volta a Manhattan, Frank tentou processar o que havia acabado de acontecer. Repassar informações sobre colegas era trabalho de informantes — e criminosos odeiam informantes. Mas Frank não se via como um dedo--duro. Ele se via como uma pessoa que lança luz sobre coisas que estão erradas.

— Tem um problema — ele disse. — Você sabe o que acontece com informantes e delatores. Eu posso acabar com uma bala bem no meio da cabeça.

Durk desconversou e evitou o assunto. Mas lembrou a Frank que quando o vice-comissário de polícia pede a uma pessoa que ela faça algo, é boa ideia obedecer.

CAPÍTULO 3

- POR QUE DAR TANTA IMPORTÂNCIA A ISSO? -

Já sei o que você está pensando: esse cara tinha um alvo na testa. Por que ele simplesmente não ignorou os subornos, não deixou policiais como Stanard juntarem seu dinheiro sujo e continuou fazendo o seu trabalho? Ou ainda melhor: por que ele simplesmente não desistiu e saiu da polícia?

Em primeiro lugar, não estamos falando sobre alguns poucos policiais espalhados pela cidade que pegavam uma parte do dinheiro do jogo ilegal. Estamos falando de um sistema organizado de corrupção que atingia desde a base até o topo da hierarquia do Departamento de Polícia de Nova York. Esta foi a minha grande revelação: que ninguém com quem eu falei no departamento sobre a corrupção ficou surpreso, e que ninguém queria deter isso. Os tiras de alta patente sabiam o que estava acontecendo e estavam permitindo que acontecesse. Lembram-se de Arnold Fraiman? O cara a quem não queríamos recorrer porque Durk não o conhecia bem o suficiente? Bem, acabamos nos encontrando para conversar com ele. O comissário de investigação da cidade concordou em colocar escuta num apartamento, mas depois disse a Durk — por trás das minhas costas — que pensava que eu fosse um maluco.

Isso foi golpe baixo, porque ele sabia que o departamento era basicamente outra forma de crime organizado, outra máfia. Com a diferença de que gângsteres não fingem ser outra coisa que não gângsteres.

Dito isso, se você ainda questiona as minhas escolhas, pense bem. O que estava em jogo para mim, o que me levava a continuar lutando contra o sistema? Meu caráter, minha reputação. Se eu tivesse deixado que me intimidassem, se tivesse aceitado aquele dinheiro sujo, quem eu seria quando me olhasse no espelho? Como eu poderia sair da polícia quando as vidas de crianças estavam em risco? O que meu pai pensaria a respeito do homem que eu havia me tornado?

Não, eu não podia entregar os pontos. De jeito nenhum. Impossível.

CAPÍTULO 4

Em outubro de 1967, Frank estava no Bronx, trabalhando à paisana, sem perder de vista o "bloco", como Walsh havia orientado através de Behan.

Certo dia ele se viu sentado diante do inspetor-chefe adjunto Stephen Killorin, o comandante da 7ª Divisão. Quando entrou no escritório de Killorin, Frank nem imaginava por que havia sido chamado; mas o motivo logo começou a ficar claro.

— Por que diabos não veio me procurar? — Killorin ralhou, e suas feições marcantes ficaram mais nítidas enquanto ele vociferava. — O que está pensando? Que é o único tira honesto aqui?

Frank se mexeu na cadeira.

— Eu não estava recebendo nenhum apoio, senhor — ele disse.

— Onde foi buscar apoio, Serpico? Com quem falou?

Era óbvio que já havia se espalhado na divisão a notícia de que Frank estava se queixando dos outros colegas policiais. Mas quanta informação Killorin de fato tinha era um mistério. A última coisa que Frank queria era dizer ao inspetor que havia se encontrado com Foran no DOI e que agora esperava conversar pessoalmente com Walsh. Ou que ele e Durk também tinham se encontrado com Jay Kriegel, chefe de gabinete do prefeito Lindsay. Kriegel não foi de muita utilidade; ele informara a Frank que Lindsay não desejava se envolver na questão, que uma investigação prejudicaria o relacionamento do prefeito com a polícia. Mas Killorin não queria esperar pelos detalhes. Acreditava que o DOI era um problema — e o escritório do prefeito, radioativo.

Frank escolheu as palavras com cuidado:

— Nada estava sendo feito aqui. Eu não tive escolha.

— Escolha para fazer o quê? Não me diga que procurou agências externas. Nós lavamos a nossa roupa suja aqui dentro mesmo.

— Sinceramente, inspetor, não vejo ninguém lavando nada. Os policiais desta divisão estão aceitando propina, e ninguém os detém. E não estamos falando da propina costumeira. Esse lugar está tão corrompido quanto as operações de jogo que deveríamos fechar. É como se os caras daqui tivessem um segundo emprego.

Killorin ficou em silêncio, o semblante tenso.

— Que organizações você visitou? — Ele aparentemente se importava apenas com o que poderia acabar aparecendo na imprensa.

— Não é importante — Frank retrucou. — Não se trata de relações públicas. Se trata de uma limpa na corporação.

— Uma ova que não se trata de relações públicas — Killorin disse. — Me passe os nomes dos policiais.

— Não posso fazer isso.

— Por que não? Esse não é o propósito da coisa toda?

— Não, senhor. Eu quero mudar o sistema. Meu propósito não é pegar um ou dois caras.

— Você anda por aí tagarelando que os agentes à paisana estão atolados em corrupção, mas não vai me dar nomes? E como é que eu devo investigar isso?

Nisso Killorin tinha razão.

— Vou entregar a você quatro operadores de jogo — Frank disse. — Verifique com esses caras. Eles não têm medo. Vão dizer que estão pagando policiais e que há anos fazem isso.

CAPÍTULO 4

Killorin não pareceu muito feliz, mas tomou nota da informação. Depois caminhou com Frank até a saída.

— De agora em diante, Frank, que essas coisas não saiam de dentro deste prédio.

— Pode deixar — Frank mentiu. Por que deveria ficar de boca calada? Estava limpo. Os policiais desonestos é que deveriam ter medo da imprensa, não ele.

— Tudo bem, então — Killorin disse. — Vou te colocar em contato com Jules Sachson. Ele é o inspetor encarregado da moral pública aqui no Bronx. Você pode trabalhar com ele nesse problema da corrupção.

E com isso, a reunião terminou.

Pouco tempo depois disso, Frank e Sachson se encontraram no carro de Sachson, na 19th Street em Manhattan, a uma quadra da West Side Highway.

Inspetor Jules Sachson.

Sachson, um cara grande com uma entrada acentuada no cabelo e sobrancelhas em forma de V, disse a Frank que simpatizava com ele.

— Deve estar sendo um peso e tanto para você — ele disse, com as mãos grossas apoiadas no volante do veículo.

— E é mesmo — Frank respondeu. — Por mais que eu tente, não consigo entender como foi possível que policiais sujos acabassem colocando pressão nos policiais limpos, e não o contrário.

— Fiz essa mesma pergunta durante anos — Sachson comentou com um aceno de cabeça. Então mencionou alguns dos casos nos quais havia obtido êxito no combate à corrupção policial.

— Você tem uma boa reputação — Frank disse. — Mas vai por mim, o que está acontecendo no Bronx não se compara a nada do que você já tenha visto antes. Esses policiais estão tocando um negócio paralelo de altos riscos. E bem às claras.

— Vamos acabar com eles — Sachson disse, abrindo um bloco de notas. — Quem são eles? De quantos estamos falando?

Frank balançou a cabeça numa negativa.

— Eu já avisei para Killorin que não vou identificar nenhum policial. Você vai ter que descascar esse abacaxi por conta própria.

Sachson segurou o bloco em uma das mãos e uma caneta na outra.

— Serpico, em algum momento você vai ter de confiar em alguém.

O inspetor tinha razão. Frank não podia lutar contra todo o departamento sozinho. Mais cedo ou mais tarde, teria que confiar em alguém. Por que não em Sachson? Ele parecia ser um cara decente. E parecia compreender Frank. O próprio Sachson havia combatido a corrupção; ele tinha dado caça a policiais corruptos.

Talvez tivesse chegado o momento de Frank revelar a coisa toda.

— Vamos lá — Frank disse.

Enquanto Sachson escrevia em seu bloco de notas, Frank apresentava uma lista de nomes: Stanard, Zumatto e outros.

CAPÍTULO 4

Ele mencionou o tenente que lhe havia oferecido um lugar para guardar dinheiro sujo, e outro que lhe dissera que sabia sobre o "bloco". Além disso, entregou trinta e seis operações de jogo ilegal que subornavam a 7ª Divisão. Frank não parou de falar até que o bloco de Sachson estivesse coberto de nomes, datas e lugares.

Dizer em voz alta tantas coisas que sabia era um alívio, mas a realidade lhe revirava o estômago.

Sachson olhou para Frank e deixou escapar um longo e lento assobio.

— É uma lista e tanto, Serpico. Na minha opinião, teremos boas chances se você usar uma escuta.

Frank já havia pensado nessa possibilidade e já tinha uma resposta para isso. Ele não estava disposto a andar pela 7ª Divisão com um gravador preso ao corpo. Também não andaria com um gravador ao lado de outros policiais. Era trabalho dos federais fazer isso — além disso, se ele fosse apanhado, seria um homem morto.

— Isso eu não vou fazer, por nada neste mundo — Frank respondeu. — Já sei o que você está querendo. Vai acusar dois ou três policiais e dizer para a imprensa que pegou os vilões. Aplausos, aplausos e mais aplausos. Enquanto isso, os caras do topo vão voltar para as suas casas de milhões de dólares.

— Não é verdade.

— É a droga da verdade nua e crua. E isso já acontece há cem anos. Esse tipo de corrupção chega até o topo da cadeia de comando. Não vou ajudar você a acabar com um ou dois bodes expiatórios que estão cumprindo o dia de trabalho, mesmo que de maneira suja, para que você ou Killorin possam incrementar os seus currículos. Porque se isso acontecer, vocês terão fracassado.

Sachson não respondeu; e assim, no que dizia respeito a Frank, a possibilidade da escuta estava encerrada.

O HOMEM MARCADO

Mas as chamas estavam se alastrando cada vez mais. Os boatos que circulavam pela divisão já não eram mais apenas boatos: alguém realmente estava contando histórias sobre tiras criminosos.

E os tiras no Bronx já deviam saber que esse alguém era Frank.

Um dos locais de apostas que Frank deu a Sachson era uma bodega na East Tremont Avenue, 920, que não ficava longe da Cross Bronx Expressway. Ele tinha dito que os proprietários da bodega eram um casal: Juan Carreras e sua mulher, Dolores Carreras. Os Carreras estavam aceitando apostas em seu estabelecimento, mas nunca haviam sido presos, porque entregavam dinheiro de proteção aos policiais religiosamente todo mês.

Sachson provou merecer a confiança de Frank. Meses após o seu primeiro encontro, eles voltaram a se reunir no East Tremont, uma área deprimente com lojas abandonadas, janelas gradeadas e calçadas esburacadas. Na esquina da Daly Avenue ficava a bodega dos Carreras, que funcionava como uma espécie de loteria clandestina — um lugar aonde as pessoas iam para fazer apostas.

Frank examinou o lugar. Os chefes dos jogos ilegais tinham dezenas dessas lojas espalhadas pelo Bronx. Eles instalavam as operações em bodegas, lojas de doces e em outros negócios locais. E enquanto faziam fortunas, os proprietários desses estabelecimentos — pessoas como os Carreras — ficavam apenas com uma pequena fatia dessa torta.

Frank e Sachson encontraram Dolores Carreras trabalhando sozinha atrás do balcão. O ar tinha cheiro de cachorro-quente cozido e café velho.

Sachson mostrou um mandado de busca.

— Ficamos sabemos de fonte segura que vocês estão fazendo apostas.

— E? — Carreras disse.

— E estamos aqui para dar uma busca no lugar.

CAPÍTULO 4

— À vontade.

Sachson ficou de olho em Carreras para que Frank pudesse vasculhar a loja. Frank espiou atrás do balcão, olhou dentro da caixa registradora, e depois verificou a geladeira. Não demorou muito para que encontrasse pilhas de papeletas de aposta; os canhotos indicavam os números nos quais as pessoas haviam apostado na loteria do dia seguinte. Primeiro, Frank tirou um maço delas de trás da geladeira. Então encontrou mais pilhas dentro do depósito, guardadas bem à vista. Pelo visto a sra. Carreras não acreditava que tivesse algo a esconder.

Quando Frank saiu do depósito com as papeletas, os olhos de Sachson se iluminaram.

— Isso aí é o que eu estou pensando que é?
— É.

Polícia faz batida em loteria clandestina no Brooklyn.

Dolores Carreras olhou para Frank e deu de ombros, como se ele tivesse acabado de sair do depósito segurando nada mais que uma garrafa de leite.

O HOMEM MARCADO

— Pode prendê-la — Sachson disse a Frank. Depois dirigiu-se à mulher: — Você pensou mesmo que a gente não olharia lá dentro?

— Mas o que você está fazendo aqui? — ela indagou. — Não recebeu a sua parte?

— Parte de quê? — Sachson disse.

Carreras não respondeu. Ficou calada e com os lábios cerrados, olhando para a frente.

Frank e Sachson a levaram para a delegacia, onde tiraram suas impressões digitais. Enquanto Frank passava a ponta dos dedos dela no cartão de impressão, Carreras olhava para ele com uma expressão perplexa estampada no rosto.

— Não acredito nisso — ela disse, com mais nervosismo na voz do que havia demonstrado antes na bodega. — Por que vocês não pegam o dinheiro como os outros policiais?

Frank continuou tirando as impressões dela.

— O que te faz pensar que não pegamos? — ele perguntou.

— Porque se tivessem o dinheiro, não estariam me prendendo.

Sachson se intrometeu na conversa, com a voz descontraída, mas com uma pergunta ardilosa:

— Então você paga policiais para que não te prendam? É isso que está dizendo?

— É o meu marido quem paga, não eu.

— Para quem ele paga? — Sachson perguntou.

— Para o Stanard. E o Zumatto. De vez em quando para o Paretti.

Sachson olhou de relance para Frank. Eram os mesmos nomes que Frank tinha dado a ele.

Provar que estava certo não adiantava nada para Frank. Como Frank havia previsto, os policiais corruptos — no caso, Stanard, Zumatto e James Paretti — acabariam levando a culpa por todos os outros policiais no "bloco", sobretudo os de alta patente. E Frank seria arrastado para a lama.

Só restava saber quando isso aconteceria.

AS CASAS DE APOSTAS EM NÚMEROS

Agentes à paisana de Nova York vigiam operação de apostas ilegais em 1964.

Nos anos de 1960, os bairros de Nova York estavam repletos de operações de apostas ilegais. Os habitantes podiam fazer apostas em diversos estabelecimentos locais, tais como pizzarias, lojas de doces, bodegas e bares. Na maior parte das vezes, apostavam em eventos esportivos ou em um jogo de números.

Para apostar em números, o apostador escrevia um número de três dígitos numa papeleta, na esperança de que coincidisse com um número sorteado aleatoriamente no dia seguinte. O apostador tinha uma chance em mil de acertar o número, mas o jogo era tentador, pois acertar o número sorteado podia render seiscentos dólares para uma aposta de um dólar.

Um apostador podia arriscar quantias ínfimas como cinco centavos, motivo pelo qual algumas pessoas se referiam a esse jogo como a loteria do pobre. Todos podiam jogar. E aparentemente todos jogavam, sobretudo em bairros de baixa renda, onde o desespero era grande. Em meados de 1960, o Departamento de Polícia de Nova York estimava que mais de meio milhão de nova-iorquinos jogavam em números todos os dias — gastando pelo menos 200 milhões de dólares por ano.

Em maio, Frank recebeu um telefonema de Burton Roberts, promotor público do Bronx. Calma não era de modo algum o forte de Roberts. Ele tinha pavio curto e temperamento explosivo, e sua voz certa vez foi comparada ao som de um motor de avião, talvez alguns decibéis abaixo.

Roberts pediu a Frank que os dois se reunissem para uma conversa, e deu a Frank o nome, o endereço e o número do quarto de um hotel no Bronx.

Frank já podia imaginar o que o promotor público ia dizer. Roberts devia estar montando um caso contra alguns policiais e queria que Frank o ajudasse a preencher as lacunas. Não era nada de significativo, e Frank estava de saco cheio disso.

Quando entrou no quarto de hotel, Frank encontrou Roberts rodeado de integrantes da sua equipe. Roberts apertou a mão de Frank e disse que o admirava muito.

— Agradecemos por trazer o problema à tona — ele disse. — É raro encontrar um policial disposto a assumir tamanho risco dessa maneira.

— Obrigado — Frank respondeu com cautela, ciente de que Roberts não havia solicitado a reunião para dar tapinhas nas suas costas.

— Me diga o que está acontecendo na 7ª Divisão — Roberts pediu. — Finja que eu não sei de nada, e me conte a história toda do princípio ao fim.

— Você já conhece as partes mais importantes — Frank disse. — O que mais você quer?

CAPÍTULO 4

Burton Roberts, promotor público do Bronx.

— Estamos preparando um caso contra Stanard, Zumatto e Paretti — Roberts disse. — Mas não vai ser fácil. Todos os três têm ficha limpa. Preciso que você testemunhe diante do grande júri, Frank.

Nenhuma surpresa. Bem como Frank suspeitava, Roberts tinha um motivo oculto. E Frank não gostou disso.

— Vá pro inferno — Frank disse.

Mas Roberts se recusou a recuar.

— Não se preocupe, Frank, você não será apontado como delator. Vamos convocar vários policiais da 7ª Divisão. Ninguém saberá o que você disse ou deixou de dizer.

— Conversa mole — Frank retrucou. Ele sabia que um grande júri teria que ser realizado em segredo, mas a verdade era que se ele abrisse a boca na corte, não demoraria muito para que essa notícia se espalhasse. Daí então haveria filas de policiais sujos querendo acertar as contas.

Ele deixou o hotel acreditando que não teria que testemunhar. Mas Roberts não desistiu. Chamou Frank para uma segunda reunião, dessa vez no apartamento de um dos assistentes de Roberts.

Roberts se sentou em uma poltrona bastante estofada, soltando uma baforada de seu cigarro. Batendo as cinzas num cinzeiro de vidro, ele explicou por que precisava da ajuda de Frank. Mais uma vez Frank recusou, enfatizando a sua frustração para com o departamento.

— Eu passei meses esperando que Walsh fizesse alguma coisa — Frank disse. — Que coisa mais patética.

— Espere um pouco — Roberts disse. — Qual é o seu problema com o Walsh?

A essa altura, Frank nada tinha a perder. Ele contou a Roberts que havia comunicado a Walsh, através de Behan, a corrupção na 7ª Divisão. E também disse que não havia recebido nenhum tipo de resposta, nem uma palavra a respeito.

— Muito bem, vou dizer o que faremos — disse Roberts. — Vou colocar você no tribunal; você vai dizer o que sabe, e eu vou mostrar ao grande júri o que está em jogo. Vou mostrar que a corrupção se espalhou desde a base até o topo da cadeia de comando. Investigaremos o departamento inteiro. Vamos virar toda a cidade de cabeça para baixo e limpar a sujeira toda. Mas precisamos de você, Frank. Com a sua presença no tribunal, nós podemos reverter a situação. Basta dizer ao grande júri o que você sabe.

Roberts falava como se tivesse mesmo a intenção de ir para cima do departamento, não apenas de uns poucos policiais insignificantes. Diante disso, Frank concordou em testemunhar, e torceu pelo melhor.

Ele também sabia que se tornaria um homem marcado quando concordasse em falar. Convencido de que estava sendo seguido, ele começou a levar consigo uma segunda arma, uma Browning semiautomática. Era difícil não perceber a ironia da situação. Frank precisava apenas de uma arma para perseguir criminosos, mas passou a ter duas para se proteger da própria polícia.

Em 26 de junho de 1968, Frank compareceu à Suprema Corte do Bronx para testemunhar diante do grande júri, pronto para afundar todo o departamento. Mas todas as perguntas feitas a ele tinham relação com os agentes à paisana; nenhuma estava associada aos oficiais mais graduados. Tudo que o promotor público queria saber, ou tudo o que ele queria que o grande júri ouvisse, era como os colegas de Frank operavam o "bloco".

Sob juramento, Frank respondeu às perguntas da melhor maneira que pôde e foi para casa, acrescentando Roberts à lista de funcionários públicos poderosos que vomitavam promessas falsas.

Frank continuou trabalhando na 7ª Divisão enquanto as audiências do grande júri prosseguiram durante o verão e o outono. Em novembro, Stanard testemunhou duas vezes, e em ambas negou que realizava negócios clandestinos com chefes dos jogos.

Em dezembro, Frank foi transferido; deixou a divisão e foi enviado ao serviço de agentes à paisana na Manhattan North, que cobria sobretudo o Harlem.

Em seu primeiro dia, ele entrou na sala principal da delegacia e viu vários policiais no lugar, bebendo café e jogando conversa fora. Todos ignoraram Frank, exceto um deles, um agente à paisana com cabelo preto encaracolado e olhos azuis.

O cara se aproximou de Frank e puxou um canivete. Olhando bem nos olhos de Frank, segurou o canivete na mão, fechado, e ficou brincando com ele, balançando-o para lá e para cá. Sua mensagem era clara: você testemunhou contra nós; agora pagará por isso.

O silêncio caiu sobre a sala. Frank podia ver os outros policiais observando, com um sorrisinho no rosto, esperando para ver como ele reagiria.

— Sabemos como lidar com caras como você — disse o policial de cabelo encaracolado. Ele então apertou um botão no canivete, e uma lâmina pulou para fora, com um "clique" característico. — Vou ter que cortar a sua língua fora.

Num piscar de olhos, Frank golpeou com seu cotovelo esquerdo o pulso do outro cara, um movimento de luta que ele havia aprendido treinando goju-ryu anos atrás. O canivete voou das mãos do policial, tilintando no chão.

Frank agarrou o outro pulso do seu oponente e o torceu com força para trás. O sujeito gritou, mas Frank não mostrou piedade: continuou torcendo o pulso até obrigá-lo a se curvar. Quando finalmente o soltou, Frank usou a perna para empurrá-lo para trás, jogando-o no chão; o homem caiu tão rápido que parecia estar usando patins.

Frank sacou sua semiautomática e pressionou-a contra a cabeça do oponente.

— Mova um músculo e eu juro pela minha mãe que vou explodir o seu cérebro pela sala toda.

Agora, o único som na sala era o ruído da máquina de café.

Frank deu uma rápida olhada nos outros policiais no recinto. O sorrisinho forçado no rosto deles havia desaparecido.

Finalmente, um deles tossiu com nervosismo antes de falar:

— Jesus Cristo, Serpico, isso daí é uma quarenta e cinco?

Frank balançou a cabeça numa negativa.

— Não, é uma nove milímetros.

— Ah, sei, a nova Browning. Ela comporta quantas balas?

— Catorze — Frank respondeu, mantendo os olhos, e a arma, voltados para a testa do policial que ele havia subjugado.

— Caramba, isso é muita bala. E por que você precisaria de catorze balas?

— Quantos caras vocês têm aqui nesta delegacia? — Frank retrucou.

— Ei, vamos com calma… a gente só estava brincando.

— Ah, eu também — Frank disse, afastando a arma da cabeça do policial e se levantando.

Em seguida, se dirigiu ao seu armário, deixando o outro no chão.

Frank foi imediatamente transferido para serviço temporário na 18ª Delegacia. A Um-Oito ficava na West 54th Street, em

CAPÍTULO 4

Midtown, ao norte da Times Square. Agora Frank não ia mais combater as casas de apostas. Sua atribuição era atuar contra atentado ao pudor e prostituição, o que significava prender prostitutas.

A tarefa permitia a Frank trabalhar sob disfarce. Não era algo que ele adorava, mas se tornou especialista em disfarces. Fazia a patrulha usando trajes elaborados que ele inventava em seu apartamento. Usando acessórios tais como chapéu-coco, boina, óculos, cachimbos e uma bengala, ele se transformava em Max, o vendedor de cerveja alemão, ou em Carlos, o industrial espanhol. Vestindo um dos seus disfarces favoritos — barba longa, chapéu preto e sobretudo na altura do tornozelo —, ele se transformava em um fazendeiro Amish.

Porém, esse trabalho não durou muito, e Frank voltou para o Manhattan North. Dessa vez, já tendo testemunhado as suas habilidades em artes marciais, os policiais da delegacia o deixaram em paz.

Em 11 de fevereiro, o grande júri apresentou acusações contra oito policiais do antigo destacamento de Frank na 7ª Divisão. Os nomes Robert Stanard, Carmello Zumatto e James Paretti estavam bem nítidos em papel-jornal preto e branco para o mundo inteiro ver. Todos os oito foram indiciados por mentir para o grande júri e imediatamente suspensos. Mas como Frank suspeitava, sujeitos como Foran e Behan saíram impunes. Não houve acusação contra eles nem contra nenhum outro policial de alto escalão por fazerem vista grossa para a corrupção. O grande júri fez exatamente o que Frank havia previsto. O promotor público caçou os peixes pequenos e deixou os policiais de alta patente escaparem ilesos.

Na coletiva de imprensa que se seguiu à notícia, o promotor público Roberts disse que grandes operações de jogo ilegal teriam sérias dificuldades para funcionar sem tipos como Stanard, Zumatto e Paretti para protegê-las. Roberts manteve o nome de

Frank fora dos jornais, mas todos os policiais conheciam a fonte do vazamento. O promotor público havia feito justo o que Frank lhe tinha pedido para não fazer: ele havia colado um alvo nas costas de Frank.

Foi então que o destino interferiu na forma de um novo chefe na Manhattan North, o inspetor Paul Delise.

O inspetor era um homem baixo e atarracado, e sua voz suave não denunciava o poder da sua posição. Quando Frank entrou em seu escritório pela primeira vez, pôde apenas imaginar o que Delise estava pensando. Aí está o maluco do Serpico, usando uma jaqueta militar, o cabelo caindo sobre as orelhas, uma grande barba e calçando sandálias nos pés sem meias. Ao vê-lo pela primeira vez, Delise deve ter pensado que ele fosse um suspeito pronto para lhe tirar as impressões digitais.

Paul Delise (último à direita) supervisiona apreensão de maconha no Queens.

CAPÍTULO 4

Frank se apresentou.

— Policial Serpico, senhor.

— Eu sei quem você é — Delise respondeu.

Claro que sabia. Todos os tiras na cidade tinham ouvido falar nas denúncias.

Delise apontou para uma cadeira. Era um convite para que Frank se sentasse, e foi o que ele fez. Depois de algumas formalidades, Frank foi direto ao ponto. Disse a Delise que era um excluído, que ninguém queria ser seu parceiro e que jamais quis testemunhar.

— Você pode não acreditar no que vou dizer, Frank, mas estou feliz em ter você aqui. Precisamos de homens com a sua integridade.

Delise parecia simpático, mas Frank não tinha interesse numa conversa motivacional. Já sabia que isso não levava a nada de proveitoso.

— Que bom ouvir isso — Frank respondeu. — Agora você só precisa encontrar outro cara com integridade para fazer dele o meu parceiro.

Delise ficou quieto por um momento, e então fez um aceno afirmativo com a cabeça.

— Vou ser o seu parceiro.

Frank avaliou a oferta. Delise tinha quase cinquenta anos. Seus dias de subir em telhados e se esgueirar por becos já haviam ficado para trás.

— Está falando sério? — Frank perguntou.

— Totalmente. Vou ser o seu parceiro.

— Tem certeza?

— Tenho.

Frank voltou a avaliar o assunto. Porém, a questão era que ele não tinha outras ofertas.

— Então temos um acordo, senhor.

Os dois homens trabalharam lado a lado durante o verão de 1969. Delise era um policial formidável — habilidoso, motivado e preparado. Ele carregava uma mochila cheia de objetos como câmeras, dispositivos de gravação, walkie-talkies, binóculos.

Juntos, Frank e Delise desenvolveram uma rotina. Frank subia no telhado e usava o binóculo para manter-se atento a atividades suspeitas. Quando avistava alguma casa de apostas ilegais, ele entrava em ação, atravessando claraboias, descendo escadas, cruzando becos. Delise esperava do lado de fora enquanto a ação acontecia, e então dava cobertura a Frank.

Certa noite, Frank e Delise identificaram o que parecia ser uma grande operação de jogo no andar térreo de um prédio de seis andares no Harlem. A operação tinha um andamento simples, mas seguro: os chefes tinham um cara posicionado do lado de fora do prédio. Ele era o vigia. Ao primeiro sinal de encrenca, ele avisava os homens do lado de dentro.

Trabalhando na rua e não nos telhados, Frank não conseguia passar pelo vigia. Furioso, ele viu uma lata de lixo, ergueu-a e a arremessou contra uma vidraça, arrebentando-a; e então pulou para dentro do prédio. Sacando a arma, Frank manteve quatro homens sob a sua mira, enquanto Delise entrava por uma porta lateral. Então ele e Delise solicitaram apoio, mas os seus walkie-talkies travaram.

Frank não tinha intenção de desistir. Com Delise agora apontando a arma para os suspeitos, Frank se esgueirou pela porta lateral e escapou para um beco sem saída, subiu até o telhado, desceu rápido pela escada de incêndio do outro lado do prédio e pediu ajuda usando um telefone público.

Quando os dois voltaram para a delegacia, Delise olhou para Frank, balançando a cabeça e sorrindo.

— Eu sempre soube que você tinha integridade. Mas não imaginava que você tivesse tendências suicidas.

CAPÍTULO 4

— Como assim? — Frank perguntou. Mas ele sabia o que Delise queria dizer.

Ele sempre escolhia o caminho mais perigoso para alcançar a segurança.

DOIS ANOS E MEIO HAVIAM SE PASSADO DESDE QUE FRANK SE encontrara com Behan, e apesar de todas as promessas do capitão, Frank ainda não teve notícias do primeiro subcomissário Walsh.

Enquanto esperava, Frank continuava a reunir evidências e a colecionar inimigos no departamento. Ele não conseguiria manter a operação — se é que se poderia chamar de operação — por muito mais tempo antes que um tira zangado metesse uma bala em sua cabeça.

Restava ainda uma carta na manga para Frank, mas ele estava evitando usá-la. Ele teria que procurar ajuda fora do departamento. Deixar que as pessoas da cidade soubessem o que estava acontecendo. Tal manobra não só obrigaria Walsh a agir de maneira mais rápida, como também protegeria Frank. Se ele pudesse levar a sua história aos jornais, os tiras não se atreveriam a prendê-lo, nem a atirar nele, nem a expulsá-lo da polícia. Como poderiam? Todos saberiam onde encontrar os culpados.

Assim, em meados de 1969, Frank telefonou para David Durk e lhe perguntou se ele tinha contatos na imprensa.

— Sim, conheço um cara no *Times* — Durk disse. — Mas tem certeza de que quer conversar com esse pessoal?

Durk perguntou isso por um motivo óbvio. O *New York Times* tinha quase 1 milhão de leitores; era o jornal mais poderoso e influente da cidade. Qualquer pessoa que tivesse alguma importância lia o *Times*. Se esse jornal publicasse a história de Frank, as portas do inferno se abririam, e não haveria meio de voltar atrás.

— Eu não tenho escolha — Frank respondeu.

— Então vamos fazer isso.

Alguns dias depois, Durk combinou um encontro na lanchonete Greenwich Village com seu amigo David Burnham. Repórter investigativo do *Times* que cobria questões relacionadas ao cumprimento da lei, Burnham havia passado todo o mês de dezembro passado investigando a prática de dormir em serviço. Junto com um fotógrafo, ele dirigiu pela cidade no meio da noite, procurando por policiais que estivessem dormindo em serviço. Bateram fotos de policiais uniformizados que tiravam uma soneca dentro de suas viaturas e cochilavam em parques. Alguns tinham até travesseiros e despertadores.

Quando o artigo de Burnham apareceu na primeira página do *Times*, os nova-iorquinos se perguntaram: quem policia a polícia?

Frank havia lido o artigo; por isso, quando entrou na lanchonete para o encontro com Burnham, imaginava que estivesse em boas mãos. Afinal, Burnham já havia feito reportagem sobre policiais transgressores. Por que não faria isso mais uma vez?

Os três homens pegaram uma mesa mais isolada. Depois que o café foi servido em suas xícaras, Burnham se dirigiu a Durk.

— Por que viemos aqui? — ele perguntou. — O que você tem aí que não pode ser discutido por telefone?

— O Frank tem uma história para você — Durk respondeu. — E é uma verdadeira bomba.

Burnham bebeu um gole de café e se voltou para Frank.

— Sou todo ouvidos.

E Frank contou a história toda: o bloco, a corrupção e os subornos. Quando terminou, olhou para Burnham, esperando uma resposta.

— Não estou surpreso — Burnham disse. — O sistema inteiro é corrupto. Aposto que todas as empresas da cidade subornam os tiras. Até o *Times* faz isso. É por isso que caminhões de entrega não são multados quando estacionam ilegalmente.

— Jesus Cristo — Frank disse. — Até vocês pagam propina para os tiras? E por que diabos você não escreve sobre isso?

CAPÍTULO 4

Burnham balançou a cabeça numa negativa.

— Meu editor de circulação me disse para não mexer nisso. Se ele não puder pagar os tiras, não vai conseguir entregar os jornais a tempo.

Os três homens ficaram em silêncio por um momento, mas Frank não conseguiu deixar o assunto de lado.

— Bem, se você não vai fazer nada, o que resta? — ele disse. — Tentei contato com John Walsh e não consegui nada. E o Departamento de Investigação também não fez nada. Então não sobrou ninguém.

— Frank tem razão — Durk disse a Burnham. — Um artigo no *Times* sem dúvida chamaria a atenção de Lindsay. Nenhum prefeito poderia ignorar isso; ele teria que fazer alguma coisa.

Burnham passou a mão pelo pescoço para enxugar o suor.

— Mesmo que eu convença meu editor — Burnham disse —, vou precisar de outras fontes além de vocês dois. Vou precisar que mais tiras deem declarações oficiais. Sem ofensa, Frank, mas o meu editor vai querer informações vindas de um policial graduado, alguém no topo da hierarquia.

Nesse caso, só havia uma pessoa a quem Frank poderia recorrer: seu parceiro, Paul Delise. Sendo assim, numa noite em que estava de folga, Frank foi até a casa de Delise no subúrbio de Westchester County, no norte do Bronx. Quando chegou, Delise e sua família estavam terminando de jantar.

Delise levou Frank até a sala, onde eles poderiam conversar em particular. Sentado em uma poltrona, Frank se inclinou para a frente e falou, mantendo a voz baixa. Quase sussurrando, ele contou a Delise sobre o seu encontro com Burnham.

Frank não fez a pergunta logo de cara: *você* iria conosco ao *Times*? Delise já havia feito muito por ele; Frank não teve coragem de pressioná-lo mais uma vez. Mas isso não importava. Ele estava na casa de Delise para obter um favor, e não precisava dizer isso com todas as letras.

89

Delise ficou quieto, e o silêncio tomou conta da sala. Então ele se levantou e despejou um pouco de uísque em dois copos.

— Frank, eu ouvi tudo o que você disse. — Ele entregou um copo a Frank. — E é claro que concordo com você. Vi a corrupção com os meus próprios olhos. Mas… — Delise parou de falar. Ele balançou a cabeça e bebeu um gole do drinque. — Será que nós vamos mesmo mudar alguma coisa? Porque eu tenho muito a perder. Uma casa, uma hipoteca, minha mulher, seis filhos.

A preocupação de Delise era legítima. Se a história explodisse na sua cara, ele poderia perder o seu sustento, a sua casa, tudo. E se isso acontecesse, ele teria que dar explicações à família. Frank não tinha esse tipo de responsabilidade.

— Eu compreendo — Frank disse, colocando o seu copo numa mesa.

Delise olhou para Frank como se pedisse desculpas.

— O trabalho de policial é tudo o que eu sei fazer. E é o que paga as minhas contas.

— Entendo — Frank respondeu. — E quero que saiba que aprecio tudo o que você já fez por mim. — Ele se levantou para apertar a mão de Delise.

— Não, não, fique — Delise pediu, indicando a cadeira com um aceno de cabeça.

Frank voltou a se sentar, com o rosto acalorado pelo embaraço de ter sido rejeitado pelo único policial que ele respeitava.

Delise engoliu o resto do seu uísque e balançou um dedo no ar.

— Faça o que tem que ser feito, Frank. E eu vou te dar apoio, cem por cento de apoio.

— Tem certeza?

— Tenho, sim. Pelo amor de Deus, você está fazendo a coisa certa. Não vou deixar que você vá para lá sozinho.

Frank respirou fundo. Era isso que tinha esperado ouvir de tantos outros. Finalmente alguém estava do seu lado — um inspetor, nada mais nada menos.

CAPÍTULO 4

— Obrigado, Paul. Nem sei como agradecer.

— Você pode começar ficando vivo. Se esse material for mesmo publicado, todos os policiais da cidade vão querer a sua cabeça como nunca antes.

EM 12 DE FEVEREIRO DE 1970, UM FRANK NERVOSO ENCONTRAVA-SE sentado numa sala de reuniões no prédio do *New York Times*, na West 43rd Street. David Burnham havia providenciado para que Frank e Durk se encontrassem com o seu editor, Arthur Gelb. Com Paul Delise mais uma vez ao seu lado, Frank estava confiante de que a sua história seria levada a sério.

— Só porque parece loucura, não significa que seja de fato — Frank disse.

— Então você está me dizendo que alguns policiais na sua divisão são criminosos? — Gelb disse, olhando para Frank através dos seus óculos de tartaruga.

Frank não se deixaria intimidar pelo poderoso e sofisticado editor.

— Não, não — ele respondeu. — Isso envolve toda a droga do departamento.

Burnham interveio em favor de Frank.

— Não estamos falando de um ou dois policiais que aceitaram dinheiro de propina; trata-se de um câncer em todo o departamento.

— Vamos todos nos acalmar — Gelb disse, levantando-se e andando pela sala, tornando sua presença ainda mais imponente com sua altura de quase um metro e noventa. — Fale de novo sobre o "bloco". Comece do início. Como funciona? Quem recebe a propina? De quanto dinheiro estamos falando? Quantos policiais estão envolvidos?

Frank recomeçou e relatou tudo desde o início. Contou sobre os subornos, o envelope do Judeu Max, Stanard, Zumatto, enfim, tudo. Enquanto falava, o silêncio na sala aumentava cada vez mais. Em pouco tempo, os únicos sons que se ouviam na sala eram a voz de Frank e os ruídos de caneta rabiscando em papel que Burnham fazia quando tomava notas.

Quando Frank finalmente parou de falar, Gelb e Burnham olharam para Delise.

— Você pode confirmar essas histórias? — Gelb perguntou.

— Totalmente — Delise respondeu. — Tudo o que ele disse é verdade. Eu mesmo vi coisas assim.

Gelb apoiou as palmas das mãos sobre a mesa da sala de reuniões.

— Vamos precisar de tempo para fazer a nossa própria investigação. Se a história envolve toda a polícia, vamos precisar que mais pessoas no departamento testemunhem.

Quando a reunião terminou eram quase duas horas da manhã. Gelb parecia convencido, e a julgar pelo tom da sua voz, ele parecia pronto para levar a história ao seu chefe, o editor-chefe A. M. Rosenthal.

Arthur Gelb (à esquerda) trabalha com A. M. "Abe" Rosenthal no New York Times.

Frank entrou no elevador com Durk e Delise. Minutos depois, quando saíram do prédio, ele mal se deu conta do frio que fazia do lado de fora. Tudo o que ele sabia era que havia anos que não se sentia tão esperançoso.

— E agora? — Durk indagou, enrolando um cachecol de seda azul-marinho em torno do pescoço. — O que você acha?

— Não é o que eu acho — Frank disse. — É o que eles acham. Burnham entendeu. Gelb também, eu tenho certeza. Parece bom, mas temos que esperar para ver.

Então, antes de tomar a direção da 7ª Avenida, Frank se voltou para Delise e estendeu-lhe a mão enluvada.

— Se não fosse por você, estaríamos de volta à estaca zero.

— Bem, eles têm a história agora — Delise disse, apertando a mão de Frank. — Vamos esperar que eles não deixem nada de fora.

Frank pegou sua moto e foi para casa, repassando sem parar o encontro; e o tempo todo este pensamento surgia: se o *Times* publicar a história, ele arrebentaria de uma vez para sempre com todo o sistema.

- O INESQUECÍVEL PAUL DELISE -

Até hoje eu me emociono quando penso em Paul Delise. Lá estava ele, um inspetor, trabalhando lado a lado comigo, um policial meia-boca. Já imaginou uma coisa dessas? Nós subíamos em telhados, nos enfiávamos em becos e dentro de porões para pegar criminosos. Deve ter sido difícil para um cara na idade dele. Ainda assim, acho que ele se divertiu. Foi um bom trabalho policial à moda antiga: dois parceiros nas ruas arriscando a própria pele.

Os outros policiais não suportavam isso — eles costumavam nos seguir quando saíamos da delegacia, a fim de se certificarem de que não invadiríamos o território deles e arruinaríamos os negócios. Isso dá uma boa ideia do quanto as coisas tinham ficado podres na época.

Na noite em que eu fui à casa de Delise, na noite em que ele me disse que me apoiaria, foi um momento de virada. Mas as coisas não deveriam ter acontecido dessa maneira. Não deveria ter sido tão difícil encontrar um homem respeitável na polícia.

Mas quando você é o único que luta por justiça, acaba virando o inimigo. E Delise sabia disso. Me dar apoio deve ter custado muitos amigos no departamento para ele; e além disso, ele provavelmente pôs a própria vida em risco.

Eu jamais vou saber por que ele arriscou o pescoço por mim. Acho que foi porque nós dois simplesmente acreditávamos que o sistema estivesse falido e que seríamos capazes de recuperá-lo.

Não dá para falar por todos, mas aposto que todos nós — os excluídos, os desajustados, os esquisitos — sempre nos lembraremos da pessoa que nos apoiou e defendeu. Nós nos lembramos da pessoa que grita: "Pro inferno, ele é meu amigo, e ele está certo, e você está errado."

E é por isso que nunca me esquecerei de Paul Delise. Ele esteve lá quando eu mais precisei dele. Paul não está mais entre nós, mas tenho certeza de que ele está em boa companhia com todos os outros santos.

Mas não me entenda mal. Só porque Paul estava disposto a prestar testemunho não significa que o resto da força policial tenha de repente enveredado pelo caminho da salvação. Muito pelo contrário.

CAPÍTULO 5

Frank voltou para a Manhattan North e retomou a sua atividade de rastrear, perseguir e prender operadores de apostas ilegais. E enquanto fazia isso, ele esperava que o *Times* publicasse a matéria. Dois meses se passaram e nada aconteceu. Ele sabia que o jornal estava fazendo a sua própria investigação, mas começava a achar que o *Times* seria mais um nome em sua lista de becos sem saída.

No dia 24 de abril de 1970, uma sexta-feira, ele estava sentado no banco de trás de uma viatura policial descaracterizada. E dois agentes à paisana ocupavam o banco da frente do carro.

O motorista olhou para Frank pelo espelho retrovisor.

— Pois é, ouvi falar que você se apresentou diante do grande júri e entregou Deus e o mundo.

— É mesmo? — Frank disse, esforçando-se para manter o semblante impassível. — E onde você ouviu isso?

— Nós temos os nossos informantes.

— Nossa, é bom demais. Quem me dera ter uns informantes assim — Frank retrucou, virando a cabeça na direção da janela e interrompendo o contato visual com o policial. Não havia como saber que informações os caras tinham. Por que correr o risco de deixar que eles decifrassem seu semblante?

O policial continuou falando:

— Bem, você vai ler sobre isso amanhã. Vai sair no *Times*.

Frank ficou embasbacado. A matéria seria finalmente publicada? E se fosse o caso, de que maneira esses caras ficaram sabendo disso?

O policial olhou para Frank pelo espelho retrovisor mais uma vez.

— Caramba, quem você acha que deu com a língua nos dentes para o *Times*? Quem quer que tenha sido esse dedo-duro, tomara que tenha tido o bom senso de não dar nomes. Sabe como é, Serpico… um cara que fala demais pode acabar aparecendo morto num beco aí qualquer. As ruas são perigosas.

— É, eu sei — Frank respondeu. — Mas não há motivo pra se preocupar se você estiver limpo.

Assim que o seu turno terminou, Frank foi até um telefone público e ligou para Burnham.

— A matéria vai ser publicada amanhã? Mas por que você não me avisou? Fiquei sabendo pelos tiras da minha unidade.

— Eu estava tentando entrar em contato com você — Burnham respondeu. — Vai sair amanhã. Na primeira página.

Às quatro e meia da manhã seguinte, quando o sol estava nascendo, Frank já se encontrava na banca de jornal da Sheridan Square; seu coração batia forte quando ele pagou os dez centavos ao jornaleiro. Então puxou um exemplar do *Times* da pilha de jornais que havia diante de si. E lá estava, no canto esquerdo superior da primeira página:

CAPÍTULO 5

SUBORNO PAGO À POLÍCIA DAQUI CHEGA AOS MILHÕES, SEGUNDO RELATOS

História de Frank publicada na primeira página, 25 de abril de 1970.

A reportagem continua na página 18, e não poupa nenhuma autoridade da exposição.
PAGAMENTOS DE SUBORNO A POLICIAIS DAQUI CHEGAM À CASA DOS MILHÕES ANUALMENTE, SEGUNDO DENÚNCIAS.

Finalmente.

A história de Frank havia deixado de ser assunto para se discutir às escondidas em esquinas mal iluminadas. Após anos de promessas quebradas e pistas falsas, a verdade estava exposta, prestes a ser lida por 1 milhão de pessoas — entre as quais todos os figurões de Nova York, de Lindsay a Walsh. Independentemente do que acontecesse com Frank, a história agora alçava voo e tinha vida própria.

E era óbvio que Burnham não havia poupado ninguém da surra.

"Traficantes de narcóticos, apostadores e empresários", ele escreveu, "fazem pagamentos ilícitos de milhões de dólares por ano a policiais de Nova York, segundo autoridades policiais, especialistas em aplicação da lei e nova-iorquinos fazem esses pagamentos eles próprios".

Burnham não mencionou Frank, Durk nem Delise por nome. Em vez disso, escreveu: "Para se manterem protegidos de possíveis represálias, os policiais que conversaram com o *Times* sobre corrupção não terão seus nomes revelados."

Quanto mais lia, mais Frank percebia a profundidade da investigação que o *Times* havia feito por conta própria. Burnham deixou patente que havia falado com "vários oficiais comandantes" e que eles concordaram em relatar ao *Times* os problemas de corrupção porque, como declararam, "autoridades da cidade haviam sido negligentes na investigação de corrupção".

E o artigo continuava implacável: "Os policiais e cidadãos comuns que falaram ao *Times* descreveram a seguinte situação: os subornos a policiais se tornaram rotineiros; os policiais aceitam propinas de traficantes de drogas; empresários da cidade inteira se sujeitam à extorsão para evitar ser enquadrados em infrações da lei; e policiais entregam uns aos outros dinheiro de suborno — tudo isso parece ter sido institucionalizado."

CAPÍTULO 5

O *Times* identificou Philip Foran, Cornelius Behan e Arnold Fraiman como três das autoridades policiais que tiveram a chance de investigar as denúncias, mas falharam.

Frank abriu o jornal na página 18, onde o restante da matéria ocupou quase a folha inteira. Burnham havia exposto, uma após a outra, as histórias de corrupção em todo o departamento. Ele mencionou até mesmo o envelope do Judeu Max, citando "um policial" que relatou que o capitão Foran lhe dissera que se ele decidisse abrir o bico, acabaria "no East River, boiando de barriga para baixo".

A história de Frank estava toda ali, impressa em folhas de jornal.

A MATÉRIA DO *TIMES* ERA GRANDE DEMAIS PARA SER IGNORADA. Na verdade, era tão grande que se espalhou como um vírus de um lado a outro do globo. Jornais desde São Francisco até Londres difundiram a história, destacando a corrupção sistêmica que chegava a dezenas de milhões de dólares.

Nos dias que se seguiram, o *Times* publicou mais duas matérias de primeira página sobre corrupção policial, ambas de Burnham. Uma delas detalhava de que maneira os agentes à paisana deciam quais chefes de jogo entrariam em sua folha de pagamentos, e quanto cobrariam deles. A outra matéria revelava como a corrupção afetava a integridade moral. Como um policial honesto poderia se sentir bem trabalhando se o seu trabalho não estava à altura?

O comissário de polícia Howard Leary reagiu com fúria quase de imediato, acusando o *Times* de ir longe demais ao tachar todos os policiais de corruptos. "Pôr todos debaixo do mesmo guarda-chuva é injusto", ele disse.

Por sua vez, o prefeito Lindsay se empenhou em controlar os danos. Quis que o público acreditasse que ele tinha conhecimento

O HOMEM MARCADO

da corrupção e que estava com o problema sob controle. Ele emitiu uma declaração oficial dizendo, em parte, "o comissário de polícia Leary informou-me que muitas das alegações nessa história vinham de um único patrulheiro e foram reportadas ao departamento em 1967... O departamento investigou essas alegações, repassou-as ao promotor público do distrito do Bronx e, como resultado, várias acusações foram proferidas".

Porém, a questão se tornou tão explosiva que Lindsay logo mudou de direção. Ele classificou as acusações como "extremamente sérias" e prometeu que as alegações seriam investigadas imediatamente.

Pouco tempo depois, o comissário Leary emitiu um comunicado para ser lido em todas as delegacias de polícia espalhadas pela cidade. Nesse comunicado, ele apelou a todos os policiais que tivessem informações em primeira mão sobre corrupção para que se manifestassem.

Se esses policiais fizessem isso, Leary prometeu que não haveria retaliação contra eles.

Ninguém na corporação acreditou nele.

Em junho de 1970, um Frank relutante estava sentado no banco de testemunhas na Suprema Corte do Bronx. Dois meses haviam se passado desde a publicação da reportagem no *Times*, e quase um ano e meio desde que o grande júri havia proferido seus indiciamentos.

Stanard estava agora em julgamento por perjúrio — ele foi acusado de mentir para o grande júri quando disse que não fazia parte do "bloco" da 7ª Divisão.

Antes de testemunhar, Frank recebeu uma repreensão de Burton Roberts, promotor público do Bronx. Dessa vez o motivo foi a aparência de Frank.

CAPÍTULO 5

— Pelo amor de Deus, Serpico, corte esse cabelo — Roberts gritou para ele. — Você é uma testemunha crucial. Tente parecer apresentável uma vez na vida.

— Por quê? — Frank disse. — Não sou eu que estou sendo julgado.

Frank pensou melhor sobre o assunto e resolver fazer a barba — mas deixou um longo bigode espesso com pontas recurvadas. Era uma mensagem de desafio, uma lembrança a Roberts de que ele jamais quis estar ali. Mas a essa altura não havia como voltar atrás — nem como acalmar os nervos de Frank. Lá estava ele, usando um terno cinza conservador e prestes a identificar um colega policial.

Então ele olhou para Stanard, que estava sentado na mesa da defesa, e se convenceu de que estava fazendo a coisa certa. Ele não sentiu pena nenhuma de Stanard. Nenhuma pontada de culpa. Nadica de nada. O cara não era mais um tira. Na verdade, ele jamais havia sido um policial, não no verdadeiro sentido da palavra. O cara não passava de mais um criminoso barato.

Sendo assim, quando Roberts o chamou, Frank recontou, passo a passo, como os chefes do jogo ilegal haviam enchido os bolsos de Stanard e do resto dos seus companheiros da 7ª Divisão.

— Os apostadores pagavam aos policiais até oitocentos dólares por mês — Frank disse, passando os dedos pelo bigode. — Os policiais levavam o dinheiro numa bolsa e repartiam tudo entre o grupo. Eu vi tudo isso. Até ouvi policiais discutindo com apostadores sobre valores, negociando taxas e preços. E o Stanard estava envolvido nisso tudo.

Frank também testemunhou que havia comunicado a existência de corrupção generalizada em 1967, logo depois de ser transferido para a 7ª Divisão.

Depois que Frank terminou, Roberts chamou Juan Carreras, o marido de Dolores Carreras, para depor e pediu que explicasse como funcionava o "bloco".

— Zumatto disse que eram 2 mil dólares para começar — Juan Carreras falou. — E oitocentos dólares por mês, sem incluir os tenentes e gente mais acima, para a divisão e cento e cinquenta dólares para a delegacia.

Carreras prosseguiu com seu depoimento. Outros quinhentos dólares por mês eram repassados ao esquadrão de agentes à paisana, e duzentos iam para os detetives. Ele também testemunhou que Stanard havia trazido de Jersey City um chefe do jogo ilegal, Ricardo Ramos, para ajudar a financiar o negócio de apostas ilegais.

Stanard negou tudo. Mas o júri não acreditou nele.

Em 30 de junho, doze dias após o início do seu julgamento por perjúrio, Stanard foi considerado culpado. Ele seria sentenciado a uma pena de um a três anos numa penitenciária estadual. Zumatto e Paretti acabaram conseguindo um acordo e se safaram da prisão. Mas todos os três estavam fora da polícia para sempre.

Ainda assim, Frank não estava feliz. A polícia havia se livrado dos três caras, mas de que serviria? A menos que alguém desse um jeito em todo o sistema podre, outros como Stanard surgiriam para ocupar essa vaga. Pior ainda: a maioria dos outros tiras da cidade não culpava Stanard, Zumatto e Paretti por serem criminosos. Culpavam Frank por expô-los.

Depois do julgamento de Stanard, chegou ao conhecimento de Frank que o promotor público do Bronx havia enviado uma carta

Frank deixa o tribunal do Bronx depois de testemunhar em caso de corrupção policial.

CAPÍTULO 5

ao comissário Leary. Roberts sentiu que o departamento devia recompensar Frank, promovendo-o a detetive por seus esforços no sentido de expor a corrupção. Roberts falou com Leary a respeito do testemunho que Frank tinha dado antes ao grande júri e novamente no julgamento de perjúrio de Stanard. Também argumentou que Frank havia mostrado coragem moral ao arriscar a própria pele sem segundas intenções. Além do mais, ele disse que Frank havia acabado de ser transferido para a narcóticos da Brooklyn South. Ou seja, ele já trabalhava na divisão de detetives. Ele não tinha o posto requerido para a realização do trabalho.

Leary não parecia ter Frank em tão boa conta:

— Ele é um maluco — Leary disse a Roberts.

— Nesse caso, o departamento pode estar precisando de mais malucos assim — Roberts retrucou. — Falando sério, realmente acho que ele deveria receber essa promoção.

— Não enquanto eu for comissário de polícia.

A decisão de Leary era definitiva.

Mas não havia como apagar o incêndio que Frank iniciara. O *Times* concentrou tanta atenção sobre a polícia que Lindsay anunciou a formação de uma comissão especial composta de cinco pessoas para investigar denúncias de corrupção no departamento. Ele escolheu o procurador de Nova York Whitman Knapp para liderar a Comissão para Investigação de Alegações de Corrupção Policial e os Procedimentos Anticorrupção da Cidade, iniciativas que logo se tornaram conhecidas como a Comissão Knapp.

A pressão foi maior do que Leary podia suportar. No dia 5 de setembro, quatro meses depois das revelações extraordinárias do *Times*, o prefeito anunciou a aposentadoria de Leary. Nas palavras de Frank, ele "deu no pé rapidinho".

Patrick Murphy, o substituto de Leary, que já havia servido na força, foi contratado para limpar a sujeira de Leary.

Enquanto isso, Frank estava recomeçando na Brooklyn South, investigando crimes relacionados a narcóticos. Era uma nova atribuição e um novo domínio, que cobria dezesseis delegacias e quase 2 milhões de residentes. Frank ainda não sabia, mas a Brooklyn South era tão corrupta quanto a 7ª Divisão do Bronx. A única diferença era que em vez de roubarem de chefes de casas de apostas ilegais, os tiras no Brooklyn roubavam de traficantes de drogas.

Em uma de suas primeiras saídas a campo, Frank fazia a sua ronda quando um carro estacionou ao lado dele. Um sargento estava atrás do volante.

O sargento chamou Frank através da janela aberta do carro.

— Ei, você é o Serpico, não é?

— Sou.

— Entre. Quero falar com você.

— Claro — Frank disse, entrando e se sentando no banco do passageiro.

— Está com escuta? — o sargento perguntou.

Mas que diabo estava acontecendo? Frank tinha acabado de chegar a narcóticos e já estava sendo provocado?

— Não — ele respondeu. — Eu não ando pelas ruas usando a porcaria de uma escuta.

— Que bom, porque essa nossa conversa não é da conta de mais ninguém.

— Tá, entendi. O que você quer?

— Você está no Brooklyn agora — o sargento disse enquanto colocava o carro em movimento. — Isso aqui não é o Bronx. Aqui o couro come.

— Sei. E daí?

— Daí que nós temos drogas aqui. Heroína. Isso aqui não é brincadeira; estou falando de gangues e armas. Mas o ganho é enorme, vale muito a pena, não é a porcaria de centavos que vocês negociavam lá na outra banda.

CAPÍTULO 5

— Como assim? — Frank quis saber.

— Você quer participar da ação?

O cara não podia estar falando sério. Será que ele não lia os jornais? Frank tinha acabado de testemunhar contra policiais por terem aceitado dinheiro dos chefes do jogo. Por que ele se aliaria a esses demônios? Eles estavam deixando drogas nas ruas, ajudando traficantes de heroína a destroçar famílias de gente trabalhadora.

— Não, obrigado — Frank disse. — Você faz o que quiser. Eu não aceito dinheiro.

O sargento o encarou com um olhar desconfiado.

— Você não tem mesmo nenhuma escuta aí, né?

— Não, não tenho. E pode me deixar descer aqui mesmo.

— Tudo bem, mas não faça nenhuma besteira. Não vá ferrar com a gente. Fui claro?

Na verdade, ele não poderia ter sido mais claro: Frank era um excluído. De novo.

E era óbvio que os caras da narcóticos eram muito diferentes dos que combatiam apostas ilegais. Eles não eram "herbívoros", não eram policiaizinhos que tiravam grana dos apostadores. Os policiais da narcóticos eram predadores, carnívoros e sanguinários.

Frank os derrubaria também, se fosse necessário.

Isso se eles não o pegassem antes.

A REDE DE TRÁFICO DE DROGAS DE MICHAEL DOWD

O POLICIAL MAIS CORRUPTO DE N. Y. CONTA COMO FAZIA... 4000 MIL POR SEMANA
Michael Dowd é execrado na primeira página do Daily News de Nova York, 28 de setembro de 1993.

Um dos mais famosos escândalos de corrupção na história do Departamento de Polícia de Nova York estourou em 1992, quando a cocaína destruiu muitas comunidades. No centro da tempestade estava Michael Dowd, um policial do Brooklyn.

Envergando o uniforme da polícia, Dowd e um grupo de policiais corruptos administravam uma organização criminosa que comprava e vendia cocaína, roubava dinheiro dos traficantes de droga e dava aos traficantes informações sobre batidas policiais. Dowd estava embolsando tanto dinheiro — chegava a ganhar vários milhares de dólares por semana — que às vezes se esquecia de pegar o próprio salário. Depois de dez anos na polícia, ele foi condenado por extorsão e conspiração para distribuir cocaína. Cumpriu doze anos de prisão.

O escândalo levou o prefeito David Dinkins a formar uma comissão, liderada pelo juiz aposentado Milton Mollen, para investigar transgressões no Departamento de Polícia de Nova York; foi a sexta investigação desse tipo desde a formação do departamento. A comissão constatou que autoridades policiais falharam na investigação de relatos de corrupção, e que oficiais mais graduados ignoraram a situação a fim de proteger as próprias carreiras.

Depois da reportagem, a Câmara Municipal de Nova York propôs a criação de uma agência independente para investigar má conduta policial. O sucessor de Dinkins, Rudolph Giuliani, vetou a proposta, insistindo que o departamento de polícia não precisava de intervenção externa para defender sua integridade.

- UMA LIÇÃO DE MINHA MÃE -

Como você pode imaginar, o estresse de ir trabalhar estava me matando. Eu estava sozinho. Não tinha amigos na polícia. Eu estava desesperado.

Imagino que as pessoas encontrem força interior em algum lugar, e eu continuo encontrando a minha nas lições que os meus pais me ensinaram. Ainda me lembro de uma fábula que minha mãe me contou quando fomos fazer compras certo dia. Nessa história, uma mulher levou o filhinho a uma loja de costura, e quando voltaram para casa, ele pôs a mão no bolso e tirou de lá um punhado de agulhas de costura que havia roubado da loja. Sua mãe lhe deu um tapinha nas costas e disse que ele era um "bom menino".

Com o tempo, o garoto se acostumou a roubar cada vez mais, até que se tornasse um hábito. Quando ficou mais velho, se meteu numa encrenca das grandes e acabou no corredor da morte. Antes da sua execução, ele pediu para ver a mãe. Então ela foi até a prisão, e levaram-na até a cela dele. Ela se aproximou das barras.

— Chegue mais perto, mãe — ele pediu.

Ela pressionou o rosto nas barras, esperando um beijo. Em vez disso ele mordeu com força o nariz dela, e disse:

— Se você tivesse espetado o meu dedo com uma daquelas agulhas, eu não estaria aqui agora.

É, eu sei. É uma história banal. Mas a mensagem da minha mãe foi clara: existe um modo certo de viver a vida, e existe um modo errado.

E o que eu deveria fazer com os caras da narcóticos? Deixar que continuassem a receber dinheiro dos traficantes de drogas? Deixar essas drogas nas ruas?

O que minha mãe teria pensado se eu deixasse pra lá?

CAPÍTULO 6

Em uma quarta-feira de frio intenso, no dia 3 de fevereiro de 1971, Frank passou a manhã cuidando de suas tarefas habituais. Limpou seu apartamento, deixou as roupas sujas na lavanderia e fez compras. Depois ele foi ao campo de tiro da academia de polícia e treinou tiro ao alvo com cada uma de suas três armas: sua arma de serviço, sua Browning semiautomática e seu revólver Smith & Wesson .38 de cano curto.

No final da tarde, recebeu um telefonema do líder de uma equipe da narcóticos da Brooklyn North, Gary Roteman.

— Recebi algumas informações — Roteman disse, se referindo a um informante que trabalhava para ele. — Venha logo pra cá que acabou a moleza. A gente vai fazer umas prisões hoje.

Frank pegou as armas e foi para a Narcóticos da Brooklyn North na 94ª Delegacia, na região de Greenpoint. Lá se reuniu com três policiais que jamais havia visto antes, mas que naquela noite seriam os seus parceiros: Roteman, Arthur Cesare e Paul Halley. Todos os três eram agentes à paisana, mas era difícil acreditar que eles esperavam se misturar às pessoas do lugar. Até mesmo um olhar distraído para os seus sobretudos pretos, seus sapatos de couro e seus cabelos impecavelmente cortados poderia acabar com uma operação.

Roteman era magro e tinha cabelo grisalho. Cesare tinha pele escura e nariz afilado. Halley tinha um rosto redondo e pálido.

Esses rostos poderiam ficar encobertos se eles tivessem deixado crescer barbas grandes e espessas, como Frank fazia. Em vez disso, esses três não faziam a menor tentativa de ocultar as suas identidades.

— Meu informante está esperando no apartamento dele — Roteman disse aos companheiros enquanto eles ocupavam seus lugares num carro descaracterizado.

Quando chegaram ao endereço na vizinha Williamsburg, eles apanharam o informante, um jovem porto-riquenho com óculos de armação dourada.

— Pensei que vocês não fossem mais aparecer — ele disse, esfregando as mãos sob o frio congelante enquanto se aproximava do carro.

— Bem, estamos aqui agora — Cesare respondeu. — Entra aí.

O informante se sentou no banco de trás e avisou que deveriam ir à Driggs Avenue.

— Qual o número? — Roteman perguntou.

— 778. Vire na Driggs e eu aviso pra parar quando a gente chegar ao prédio.

Prédio na Driggs Avenue, 778, no Brooklyn.

Em questão de minutos, eles passaram pelo edifício dilapidado de seis andares. A julgar por sua fachada elaborada, o lugar deve ter tido seus dias de glória — mas num passado muito distante.

— Um traficante chamado Mambo mora no terceiro andar — o informante disse. — Ele vende heroína.

— A gente vai tirar isso a limpo já, já — Roteman disse, dando a volta no quarteirão, retornando à Driggs, e estacionando dessa vez perto do pátio de uma escola abandonada na metade do quarteirão.

CAPÍTULO 6

Os quatro policiais elaboraram um plano. O informante conhecia os viciados da região, por isso ele ficaria na rua e observaria o prédio para ver quem entrava e quem saía. Se suspeitasse que alguém estava ali para fazer negócio com Mambo, ele esfregaria os óculos com o seu lenço. Isso indicaria aos policiais que a pessoa tinha heroína consigo.

Às oito da noite, o informante se posicionou na entrada do prédio. Estava escuro, mas um poste de luz próximo lançava alguma luz na porta da frente, que os policiais vigiavam usando binóculo.

Uma hora se passou. Então, quando uma mulher saiu do prédio levando uma sacola de compras, o informante retirou os óculos e os esfregou com o lenço. Roteman, Cesare e Halley saíram do carro e a seguiram. Minutos depois, os três policiais retornaram; eles haviam revistado a mulher, mas não encontraram nada.

Mais uma hora se passou, e nenhum suspeito saiu do prédio. Roteman sugeriu que Frank entrasse e tentasse encontrar algo.

— Por que eu? — Frank perguntou; mas já sabia a resposta. Ele era o único no carro que não parecia ser policial. Além da sua barba farta, ele usava calça jeans e botas de cano alto, um suéter com gola alta e um colete de couro por baixo de uma jaqueta grossa do exército.

Frank saiu do carro e atravessou a rua, levando consigo o revólver de serviço numa bolsa de máscara de gás pendurada no ombro como uma mochila.

Ele não fez nenhum sinal para o informante quando chegou ao prédio. Foi direto para dentro do local, passando por cima do lixo que estava amontoado na entrada. O lugar era sujo, para dizer o mínimo. O chão estava coberto de sujeira, e o cheiro de urina tomava os corredores.

Enquanto subia as escadas, por instinto, Frank checou suas outras duas armas. Sua Browning estava enfiada num coldre de cinto do lado esquerdo da cintura. O .38 estava preso do lado direito do cinto, mas ele o queria mais à mão, então puxou-o para fora e o colocou no bolso da jaqueta.

Ele continuou subindo: um lance de escadas, depois outro e mais outro. Um som abafado de música escapava de dentro de portas fechadas, e os odores dos apartamentos das pessoas viajavam pelo ar. Porco frito. Caldo de carne. Maconha. Quando chegou ao último andar, ele passou na ponta dos pés por um vira-lata que dormia, desviou-se de alguns montes de cocô de cachorro e seguiu em frente até alcançar o telhado. A distância, as luzes da ponte de Williamsburg brilhavam no céu escuro.

Sacos de celofane rasgados e tubos usados de cola para aero-modelos estavam espalhados pelo chão. Eram sinais evidentes de uso de droga. Os saquinhos eram do tipo usado pelos traficantes para embalar pequenas quantidades de heroína, e a cola era do tipo que os viciados inalavam na busca desesperada por uma onda barata. Os clientes de Mambo deviam usar o local para ficarem chapados.

— Pssst.

A voz veio da porta de acesso ao telhado. Frank levou a mão à sua Browning, mas relaxou quando viu o informante de pé no patamar da escada.

— Mambo está no 3G — o informante avisou. — As coisas estão esquentando.

— Certo. Desça até lá embaixo e fique de olho na entrada.

Quando o informante se foi, Frank ficou olhando do alto do telhado, esperando que ele retomasse o seu posto. Sob a luz do poste de rua, ele viu dois homens entrando no prédio. Então voltou correndo para dentro e desceu a escada na ponta dos pés, parando antes do terceiro andar, escutando o barulho de passos enquanto eles subiam as escadas.

Eles pararam no apartamento 3G, não havia dúvida.

CAPÍTULO 6

Frank observou a movimentação na escadaria. Um dos homens bateu à porta vermelha do apartamento e resmungou algumas palavras. A porta se abriu um pouco — estava presa por uma corrente de segurança curta — e o homem passou dinheiro para alguém que se encontrava dentro do apartamento. Devia ser Mambo. A porta se fechou, mas logo voltou a ser aberta quando Mambo entregou aos homens um envelope de papel celofane. A porta se fechou outra vez, e não foi mais aberta. O negócio estava concluído.

Frank seguiu os homens até a saída do prédio, mantendo a devida distância; quando chegou à rua, fez sinal para Roteman, Cesare e Halley.

Os tiras saltaram do carro e abordaram os compradores. Revistaram todos e encontraram dois pacotes de heroína em seus bolsos. Era a confirmação de que precisavam. Agora não havia dúvida a respeito do que acontecia no apartamento de Mambo. Eles algemaram os suspeitos e os puseram no carro de polícia. Halley sentou-se ao volante e saiu com o carro, a fim de levar os detidos para a delegacia e registrar a ocorrência. Roteman, Cesare e Frank permaneceram no local.

Roteman propôs um plano: Frank iria direto para o apartamento de Mambo para fazer uma transação. Ele fingiria ser um viciado atrás de heroína.

— Eu de novo? — Frank disse.

— Você é o único que fala espanhol — Roteman argumentou.

— Tá bom, mas como vai ser, então?

— Você só precisa fazer o Mambo abrir a porta. Depois eu e o Cesare cuidamos do resto.

Segundos depois, os três policiais estavam dentro do edifício, subindo as escadas para o apartamento 3G. A porta vermelha ficava logo à direita do patamar da escadaria. Cesare se posicionou nos degraus da escada entre o segundo e o terceiro andares.

113

Roteman colou o corpo junto à porta do apartamento ao lado para se manter fora do campo de visão.

Deslizando a mão direita para dentro do bolso da jaqueta do exército, Frank tirou o seu .38 de cano curto e o segurou colado à perna, apontado para baixo. Então bateu à porta com a mão direita, posicionou o rosto diante do olho mágico e disse em espanhol que um cara chamado Joe o havia enviado e que ele precisava de uma coisa:

— *Joe me mandó. Necesito algo.*

Assim que a porta abriu, Frank forçou o corpo contra ela, rompendo a corrente de segurança. Ergueu a arma e tentou apontá-la para Mambo, que segurava a porta e a puxava de volta. O corpo de Frank ficou preso na entrada, mas ele conseguiu apontar o revólver para Mambo.

E houve um impasse entre os dois — cada um puxando a porta para um lado. Enquanto isso, Roteman e Cesare permaneciam imóveis.

Frank virou a cabeça para olhar ao redor e ver onde os parceiros estavam.

— Ei, caras, o que diabos vocês estão esperando? — ele gritou. Quando voltou a olhar para Mambo, foi atingido com uma explosão de luz, como se alguém tivesse soltado um rojão em seu rosto.

A bala atravessou a sua bochecha esquerda, logo abaixo do olho.

Frank cambaleou e caiu, mas ainda conseguiu revidar e atirar em Mambo, que gritou ao ser baleado e correu para dentro do apartamento.

Caído de costas, em choque e com medo, Frank olhou para o teto; seu olho esquerdo estava inchado e fechado, sua visão, turva, e sangue quente escorria sem parar por seu rosto. Cesare se curvou sobre ele em silêncio.

— Pelo amor de Deus — Frank balbuciou, quase sem poder falar. — Pare o sangramento. Use o meu cachecol. Faça alguma coisa!

CAPÍTULO 6

A voz de Roteman se elevou de dentro do apartamento:

— Polícia! Soltem as armas e saiam com as mãos para cima!

O corredor sumia e reaparecia, enquanto Frank lutava para permanecer consciente, temendo entregar-se ao sono e não voltar a abrir os olhos.

A ação continuou a se desenrolar ao redor dele.

Roteman saiu correndo do apartamento e desceu em disparada escada abaixo, e Cesare também se lançou correndo atrás dele. Eles sem dúvida estavam caçando Mambo, que devia ter fugido pela escada de incêndio. De qualquer modo, não importava o que eles estivessem fazendo: o fato é que haviam deixado Frank sozinho, morrendo.

Foi então que um idoso saiu de um apartamento próximo, aproximou-se de Frank com um andar vacilante e ajoelhou-se ao lado dele.

— Não se preocupe — o homem disse com um ligeiro sotaque espanhol. — Você vai ficar bem. Eu chamei a polícia.

Minutos depois uma sirene soou a distância, e em seguida ouviram-se passos nas escadas. Frank mal conseguiu enxergar os dois policiais uniformizados que o pegaram, carregaram-no pela rua e o colocaram no assento traseiro da viatura — mas apesar de não os distinguir bem, Frank reconheceu o olhar de pânico no rosto deles. E enquanto permanecia deitado no banco traseiro da viatura, que seguia rápido para o Greenpoint Hospital, ele já estava bastante familiarizado com o som da sirene. Só não conseguia acreditar que ele era a vítima dessa vez.

O cena surgia em flashes, em explosões de imagens. A maca. O caminho mais rápido até a sala de emergência. As enfermeiras retirando a sua jaqueta, seu suéter, suas botas. O sangue. As agulhas penetrando seus braços.

— Ele é policial — alguém disse.

— Buraco de bala. Bem aqui. Bochecha esquerda, acima da narina.

Frank tentou chamar a atenção de um policial uniformizado na sala, mas não conseguia virar a cabeça. Nem mover os lábios.

— Não avisem a minha mãe — ele tentou dizer. Queria impedir que ela acabasse vendo o filho se esvaindo em sangue numa sala cheia de policiais que provavelmente festejariam quando ele desse o último suspiro. — Avisem a minha irmã. Avisem a minha irmã.

Frank não sabia ao certo se alguém o escutava. Tudo o que ele podia fazer era ficar ali estirado, impotente, enquanto um padre diante dele lhe administrava a extrema-unção — a oração final proferida a um católico antes da morte.

CAPÍTULO 7

NA MANHÃ SEGUINTE À NOITE DO TIROTEIO, FRANK SE ENCONtrava deitado de barriga para cima numa ala no terceiro andar do Greenpoint Hospital, olhando para o teto, que se elevava dois andares acima.

Ele não podia estar morto, pois era capaz de vislumbrar o reboco branco rachado do teto e ouvir a comoção ao seu redor. Enfermeiras entravam e saíam da enorme sala, empurrando carrinhos com bandejas de medicações para outros vários pacientes no recinto. Policiais posicionados à porta mais próxima da cama de Frank murmuravam o seu nome, deviam estar lamentando que o carro de polícia que havia salvado Frank não tivesse ficado preso num engarrafamento.

Um médico parou ao lado da cama de Frank e falou algo em voz baixa. Frank só conseguia escutar com um ouvido e se esforçou para prestar atenção. Seu olho esquerdo estava fechado e inchado, e ele lutava para respirar; uma bandagem cobria metade do seu rosto, e tubos de borracha pendiam do seu peito. E assim, com dificuldade, ele conseguiu acompanhar o resumo: a bala, de calibre .22, havia entrado em sua bochecha logo abaixo do olho esquerdo e se estilhaçado em vários fragmentos. O cirurgião conseguiu remover todos os estilhaços da bala exceto um, que havia se alojado tão perto do cérebro de Frank que o risco de removê-lo não parecia valer a pena.

— Você é um cara de sorte — o médico disse. — Essa bala chegou muito perto do seu cérebro, a uma distância de um cílio. Mas nesse caso pode ser muito bem a distância de um quilômetro.

Frank parecia estar fora de perigo, ao menos por enquanto. Ainda assim, a bala de Mambo havia causado um bom estrago. De acordo com os médicos, Frank nunca mais voltaria a escutar com o seu ouvido esquerdo. Era uma notícia difícil de aceitar. A ópera, música que ele tanto amava, agora soaria diferente, assim como o farfalhar das folhas e as vozes dos seus amigos. Mas antes isso do que morrer.

Por outro lado, Frank ficou sabendo que a situação de Mambo não estava muito melhor, pois também havia sido trazido para o mesmo hospital pouco depois que Frank dera entrada ali. Mambo estava em uma ala cirúrgica, um andar acima do de Frank, tratando de dois ferimentos a bala: um no quadril, onde tinha sido atingido pela bala de Frank, e outro no estômago, cortesia do policial da narcóticos que o havia encurralado quando ele tentava escapulir de um apartamento a uns oitocentos metros da Driggs, 778.

— Você parece estar bem, meu jovem. — Essas palavras foram ditas pelo comissário de polícia Patrick Murphy, que estava em pé ao lado da cama de Frank, junto com o prefeito Lindsay. — Está recebendo tudo de que precisa?

Uma lista de respostas veio à mente de Frank, todas amargas, sarcásticas e cheias de raiva. Mas articulá-las lhe custaria um esforço muito grande.

— Estou bem — Frank resmungou.

Murphy e Lindsay despejaram sobre ele todo o papo furado inútil que as pessoas costumam dizer em hospitais — "estamos torcendo por você, Frank, aguente firme, rapaz" —, mas nenhum dos dois fez as perguntas que atormentavam Frank: ele havia caído

CAPÍTULO 7

em uma armadilha? Roteman e Cesare o haviam mandado ao apartamento 3G esperando que ele fosse baleado? Caso contrário, por que desapareceram? Por que o haviam deixado lá para morrer?

O prefeito Lindsay se viu diante de uma multidão de repórteres e deu informações atualizadas sobre as condições de Frank.

— Ele é um homem de coragem — disse Lindsay, referindo-se à participação de Frank na operação policial no apartamento de Mambo. — E merece as maiores congratulações.

Porém, Lindsay não mencionou a batalha mais heroica de Frank — a batalha contra a corrupção, a desonestidade e a própria força policial.

Vinte e quatro horas mais tarde, Frank se encontrava no relativo conforto de uma instituição privada, o Brooklyn Jewish Hospital, onde foi atendido por uma equipe de neurocirurgiões. Lá ele foi alimentado por via intravenosa e mantido em um quarto escuro. Um porta-voz do hospital comunicou que as condições de Frank eram "satisfatórias", mas ele não estava recebendo visitas.

Frank estava reclinado sobre o seu travesseiro, grogue devido aos antibióticos e sem saber ao certo com quais limitações teria que lidar para o resto da sua vida, quando uma pessoa se aproximou da sua cama. Era Arthur Cesare.

Frank cerrou os dentes e disparou num sussurro gutural:

— Por que você não volta pra academia e tenta aprender a atirar?

— Vá se foder — Cesare respondeu, segurando um envelope na mão. — Vim te entregar isso. É o seu relógio. Encontrei lá no prédio, jogado no chão.

— Nossa, você merecia receber uma medalha por isso — Frank alfinetou, sem se dar ao trabalho de perguntar por que Cesare não lhe dera cobertura durante a ação contra o traficante. — Fora daqui.

Cesare colocou o envelope na cama de Frank e se retirou sem dizer mais uma palavra.

COM O PASSAR DO TEMPO, FRANK RECUPEROU AS FORÇAS. O inchaço no rosto começava a ceder, porém ele teve que enfrentar um revés após o outro. Primeiro, teve febre. Depois as veias na perna esquerda incharam, o que o colocou numa cadeira de rodas e acabou levando-o a mancar.

Cartões que desejavam melhoras a Frank chegavam pelo correio junto com cumprimentos de policiais, que Frank sabia que não queriam vê-lo recuperado.

Um desses cartões, enviado anonimamente, chegou com uma mensagem escrita à mão. Abaixo da frase impressa "com sincera simpatia", com uma grafia sofrível, o remetente escreveu: "Então você não teve os miolos estourados, seu rato filho da puta. Feliz recaída."

Depois de seis semanas, Frank finalmente havia melhorado o bastante para deixar o hospital. Um colega policial o levou em um carro descaracterizado para o comando Brooklyn North. Lá ele recolheu seus pertences, suas armas e uma caixa de papelão cheia de roupas suas, que permaneceram intocadas desde a noite do tiroteio.

Quando entrou em seu apartamento na Perry Street, Frank abriu a caixa e encontrou um saco plástico cheio de roupas suas ensanguentadas. Ele abriu o saco, tirou de dentro dele as suas botas e jogou as roupas no lixo.

Em um mundo perfeito, tudo teria voltado ao normal. Mas agora Frank estava surdo do ouvido esquerdo, e como sua perna direita claudicava, ele dependia de uma bengala para andar. Além disso, tinha dores de cabeça colossais.

Sua carreira como combatente do crime tinha chegado ao fim. Frank passava seus dias sentado num píer no Rio Hudson com Alfie, seu cão da raça sheepdog, contemplando as águas.

CAPÍTULO 7

*   *   *

Um mês após o tiroteio, autoridades do departamento interrogaram Roteman e Cesare a fim de entender como um policial pôde ser baleado e deixado por seus parceiros para morrer.

Roteman disse que um dos tiros desferidos de dentro do apartamento de Mambo passou raspando por ele no patamar da escadaria.

— Ficamos em estado de choque — ele disse.

Nas palavras de Roteman, depois que a ajuda chegou, ele e Cesare "ordenaram que os ocupantes saíssem com as mãos para cima".

A história talvez fizesse sentido, não fosse pelo fato de que contradizia tudo o que Roteman dissera horas depois do tiroteio, no início da manhã. Naquele momento, Roteman afirmou que tinha visto o clarão da arma de fogo de dentro do apartamento de Mambo, acabou revidando com dois tiros e então mandou Cesare correr para um apartamento vizinho e pedir ajuda.

Cesare também teve alguns lapsos de memória quando explicou suas próprias ações:

— Eu dei um tiro dentro do apartamento quando dois dos perpetradores fugiram pela janela dos fundos para descer pela escada de incêndio. Então desci correndo pelas escadas para solicitar uma ambulância e ajuda.

Essa história não coincidia com a que Roteman havia contado. Também não era igual à explicação que o próprio Cesare dera após o tiroteio. Na ocasião, ele havia contado que estava tentando tirar Frank do apartamento, mas quando o tiro foi desferido, ele empurrou Frank para dentro.

Ainda mais curioso era que o sinal de rádio que Cesare e Roteman enviaram foi um 10-10, código da polícia para tiros trocados entre duas pessoas desconhecidas. Mas a situação exigia um

10-13, que é o sinal usado quando um policial é baleado ou precisa de ajuda; esse seria o sinal apropriado, o sinal que teria atraído ao local um exército de policiais. Em vez disso, perdeu-se um tempo precioso enquanto Frank se esvaía em sangue no chão, morrendo.

Se não fosse pela interferência do vizinho que ligou para a ambulância, essa distinção — a transmissão de um 10-10 em lugar de um 10-13 — poderia ter sido a diferença entre a vida e a morte.

Depois de interrogar Roteman e Cesare, o departamento determinou que eles agiram com bravura e conferiu a cada um deles uma medalha de mérito excepcional por salvarem a vida de Frank. Entregou também uma medalha para Maxwell Katz, o policial que capturou Edgar Echevarria, o traficante de drogas conhecido nas ruas com Mambo.

No dia 3 de maio de 1971, três meses após o tiroteio, Frank estava na capa da revista *New York*. Mais especificamente, seu cérebro estava na capa. A revista estampou um raio X completo da cabeça de Frank, com um sinal indicando a localização da bala calibre .22 que se alojara perto do seu cérebro. A manchete era: "Retrato de um tira honesto: alvo de ataque".

O artigo de oito páginas detalhava a jornada de Frank — sua frustração com a corrupção ao seu redor e suas tentativas de alertar os superiores. No final, dizia que ele não poderia mais prosseguir com o seu objetivo.

O artigo também mencionava um oficial de alta patente que declarou: "Quando recebemos a notícia de que Serpico havia sido baleado, ficamos atônitos. Ficamos assombrados com a possibilidade de que um policial fosse o responsável por isso."

Esse oficial não estava sozinho. Era possível perceber que jornalistas, policiais e até mesmo o público sentiam que Frank havia caído em uma armadilha. Frank não estava convencido

CAPÍTULO 7

disso, embora tivesse muitas perguntas a respeito dos motivos que levaram seus parceiros a abandoná-lo naquele corredor, caído, sangrando, à beira da morte.

Enquanto isso, a Comissão Knapp que o prefeito Lindsay havia formado estava realizando investigações fazia mais de um ano. A Patrolmen's Benevolent Association, o sindicato que representava os policiais, pôs em prática todas as manobras possíveis para barrar a investigação. Essa associação se recusou a cooperar. E entrou com uma ação judicial. A categoria chegou a entrar em greve por sete dias.

Mas a comissão sobreviveu. Ela conduziu sua primeira série de audiências públicas em outubro, e no dia 14 de dezembro de 1971, uma terça-feira, estava prestes a começar mais uma sessão. A testemunha principal era ninguém mais, ninguém menos que o homem no olho do furacão.

Acompanhado por seu advogado Ramsey Clark, ex-procurador-geral dos Estados Unidos, Frank entrou no salão principal do Chamber of Commerce Building, no centro de Manhattan, abrindo caminho em meio a uma multidão de repórteres.

— Por que Serpico precisa de advogado? — um jornalista gritou para Clark.

— Ele não precisa — Clark respondeu. — Eu estou aqui para garantir que ele possa dizer o que desejar sem ser interrompido.

Frank se vestiu bem para a ocasião. Usou terno escuro, camisa listrada e gravata de seda. Além disso, aparou a barba e arrumou o cabelo. E prestou homenagem a um sapateiro orgulhoso parando para engraxar os sapatos a caminho das audiências. Como sempre dizia Vincenzo Serpico, as pessoas nos avaliam de baixo para cima.

Frank estava pronto para contar a sua história. Enquanto se dirigia ao seu assento, não pôde deixar de pensar que todo aquele circo podia ter sido evitado se apenas uma autoridade do departamento se dispusesse a enfrentar o *status quo*. Uma apenas.

CAPÍTULO 8

Frank se sentou diante de uma mesa repleta de microfones e correu os olhos pela sala cavernosa, observando as câmeras dos noticiários, as equipes de rádio, os flashes pipocando. Sem dúvida seu rosto figurava nas telas de televisão em salas por toda a cidade, e suas declarações seriam lidas por mais milhões de pessoas nos jornais do dia seguinte.

Frank comparece perante a Comissão Knapp, 1971.

Em preparação para a sua aparição, que foi transmitida na íntegra pelo canal de televisão pública de Nova York, Frank havia se

CAPÍTULO 8

encontrado com Michael Armstrong, chefe do conselho da comissão. Armstrong tinha passado mais de um ano investigando as denúncias de Frank, assegurando-se de que a sua versão dos eventos pudesse ser corroborada. Foi durante uma dessas conversas que Frank expôs para Armstrong sua visão sobre o estado de corrupção da polícia.

— Dez por cento dos policiais de Nova York são totalmente corruptos — ele disse —, dez por cento são totalmente honestos e os oitenta por cento restantes gostariam de ser honestos.

Armstrong, que ostentava uma farta cabeleira negra e longas costeletas, inclinou-se na direção do microfone diante dele e instigou Frank com perguntas.

— Sr. Serpico, pode nos contar quando se tornou policial?

Frank contou a sua história, fornecendo um relato detalhado acerca de sua carreira na polícia. Contou à comissão como havia começado como um novato ingênuo na 81ª Delegacia do Brooklyn, para então passar por várias atribuições — a Agência de Identificação Criminal, a 90ª Delegacia do Brooklyn, a 7ª Divisão do Bronx e a Manhattan North — antes de ser transferido para a narcóticos no Brooklyn.

Frank falou da corrupção que havia testemunhado, explicando como o "bloco" funcionava, quanto dinheiro estava em jogo e o envolvimento de todos os tiras. Ele até mencionou o envelope do Judeu Max e como havia avisado seus superiores a respeito da propina de trezentos dólares.

Com clarões de câmeras pipocando a todo instante, Frank afirmou que contatou policiais graduados, um após o outro, e os alertou a respeito da corrupção que havia presenciado. E ele identificou essas autoridades pelo nome.

Arnold Fraiman, o chefe do Departamento de Investigação.

Jay Kriegel, chefe de gabinete do prefeito Lindsay.

Philip Foran, capitão de polícia que o alertou para que não testemunhasse diante do grande júri, a menos que quisesse acabar "no East River, boiando de barriga para baixo".

125

O HOMEM MARCADO

Quando a participação de Frank terminou, três horas haviam se passado. Depois de prestar o seu testemunho, ele disse que gostaria de ler uma declaração que havia preparado na noite anterior.

Whitman Knapp, o presidente da comissão, olhou para Frank por cima de seus óculos pretos de aro de tartaruga.

— Vá em frente, por favor — disse Knapp.

Frank pegou uma folha de papel e leu o que nela estava escrito, com voz branda e calma:

Com a minha presença aqui hoje, espero que no futuro os policiais não experimentem a mesma frustração e ansiedade que eu experimentei nos últimos cinco anos nas mãos dos meus superiores por causa da minha tentativa de relatar a corrupção…

Nós devemos criar um ambiente no qual o policial desonesto tenha medo do policial honesto, e não o contrário. Espero que essa investigação, e outras investigações que porventura sejam realizadas no futuro, lidem com a corrupção em todos os níveis dentro do departamento e não se limitem a casos individuais.

A corrupção policial não pode existir a menos que seja no mínimo tolerada em níveis superiores no departamento. Por esse motivo, o que de mais importante pode resultar dessas audições é a convicção por parte dos policiais, mais ainda que por parte do público, de que o departamento mudará…

Todos os patrulheiros devem ser tratados por seus superiores como os policiais que são. A atitude de um policial para consigo mesmo reflete em grande medida a atitude dos seus superiores em relação a ele. Se os policiais sentirem que o seu trabalho é importante e tem prestígio, então também sentirão que têm importância e prestígio.

Quando Frank terminou, muitos na sala aplaudiram. Foi como se uma rocha tivesse sido tirada dos ombros dele.

Ele saiu do evento levando consigo uma certeza: o que quer que surgisse pela frente teria que ser melhor do que o que tinham agora.

DENUNCIANTES DOS DIAS ATUAIS

Em 2021, o *USA Today* publicou uma investigação sobre policiais que denunciam. Os resultados foram incontestáveis: pouca coisa mudou desde que Serpico denunciou a corrupção na polícia nos anos de 1970. Segundo a história do *USA Today*, o muro azul de silêncio ainda existe nos departamentos de polícia por todo o país. Lê-se no artigo que "os departamentos de polícia caçam e silenciam denunciantes dentro da corporação a fim de encobrir a má conduta com impunidade".

Não que os legisladores não tenham tentado quebrar o muro azul de silêncio. A maioria dos estados promulgou leis ao denunciante para proteger funcionários, inclusive policiais, que relatam corrupção e outras transgressões.

Ainda assim, as ocorrências continuam.

Em 2008, o policial do Departamento de Polícia de Nova York Adrian Schoolcraft começou a gravar em segredo os seus colegas e superiores que manipulavam estatísticas de crime. Em outubro de 2009, algumas semanas depois de comunicar à Corregedoria o que havia descoberto, Adrian foi levado de sua casa e mantido contra a vontade numa enfermaria psiquiátrica por seis dias. Ele acabou processando o Departamento de Polícia de Nova York, afirmando que houve um "esforço coordenado e concentrado" para silenciá-lo.

O policial de Baltimore Joseph Crystal foi hostilizado por dois anos depois de denunciar o espancamento injustificado de um suspeito em 2011. Seus colegas policiais o chamavam de rato, ameaçavam sua carreira e o pressionavam para que pedisse demissão do emprego e deixasse o estado.

Em 2019, o sargento Isaac Lambert foi tirado da divisão de detetives do Departamento de Polícia de Chicago e colocado para patrulhar depois de ter se recusado a mentir num relatório policial ao detalhar o fuzilamento de um adolescente desarmado. Lambert processou o departamento, alegando ter sofrido um "ato de retaliação".

"Eu queria que todos os policiais soubessem que a gente tem que defender alguma coisa", ele disse. "Aquele pobre garoto não merecia ser baleado por uma besteira qualquer, e o policial que fez isso não merece ser policial."

E ele disse também: "Estou me sentindo como o Serpico."

Depois que Frank deu o seu testemunho, a comissão chamou policiais de alto escalão para testemunhar. Esses homens agora teriam a oportunidade de responder às acusações que Frank havia levantado contra eles.

Behan, que já tinha sido promovido a inspetor, confirmou que Frank o havia contatado, mas disse que nunca haviam discutido detalhes. Behan alegou ter passado a informação para o subcomissário John Walsh, o homem que construiu sua reputação ao fazer uma limpa na polícia.

A comissão perguntou ao próprio Walsh por que ele não tomou as providências exigidas diante de provas tão convincentes. Walsh respondeu que havia "pisado na bola" e simplesmente se esquecera do assunto.

— Eu disse que me encontraria com Serpico — Walsh falou. — Infelizmente, esse encontro jamais aconteceu. Eu esperava que

CAPÍTULO 8

o inspetor Behan preparasse o encontro. Mas isso não aconteceu, e eu acabei me esquecendo da questão.

Knapp, numa demonstração incomum de frustração, vociferou uma pergunta a Walsh:

— Por que diabos você esperou seis meses antes de checar o problema com Behan?

Walsh não teve resposta.

Arnold Fraiman, que àquela altura havia se tornado juiz, confirmou ter se encontrado com Serpico e com Durk, e depois nada mais fez com a informação que lhe foi transmitida. Ele alegou que acreditava ser impossível provar que uma unidade inteira de agentes à paisana fosse corrupta.

Michael Armstrong o interrompeu:

— Eu acho difícil entender por que uma alegação tão séria e importante não foi comunicada a ninguém.

— Era o que eu teria feito em circunstâncias normais — Fraiman disse. — Mas ele [Serpico] não queria ser identificado.

— É difícil entender por que essa informação foi simplesmente deixada de lado.

O presidente Knapp perguntou então a Fraiman se era possível que ele tivesse cometido um erro de julgamento.

— Se cometi esse erro — Fraiman respondeu, como se oferecesse uma explicação válida —, não foi o único em meus três anos no Departamento de Investigação.

Jay Kriegel começou adotando uma abordagem similar à adotada por aqueles que falaram antes dele. Kriegel confirmou que havia se encontrado com Frank e com Durk, e disse que havia transmitido a informação aos seus superiores — no caso, o prefeito Lindsay. No início, Kriegel disse que Lindsay não queria levar aquilo adiante se tivesse que ocultar a fonte da informação. Depois, Kriegel tomou um caminho totalmente oposto, alegando que Lindsay jamais tinha tomado conhecimento das alegações.

Quando a comissão encerrou as audiências, parecia fácil encaixar as peças: Frank era um policial honesto que havia tentado fazer algo para combater o sistema corrupto, e ninguém lhe dera ouvidos.

Nos dias que se seguiram às audiências, o caso de Frank Serpico ganhou o noticiário nacional:

The New York Times: Serpico, uma "Granada" para os Policiais Graduados

The Philadelphia Inquirer: Policial de N. Y. Diz que Foi Avisado Durante Investigação

The Chicago Tribune: Assistentes de Lindsay Ignoraram Evidência de Suborno à Polícia, Diz Policial de N.Y.

The Los Angeles Times: Ex-chefe de Polícia de N. Y. Testemunha em Caso de Corrupção

Frank sempre sentiu que um órgão independente deveria monitorar o departamento de polícia, mas jamais desejou os holofotes. Ele passou o inverno de 1971 em licença médica, recuperando-se das feridas físicas e tentando curar as feridas emocionais.

Com trinta e seis anos de idade, Frank agora se perguntava o que faria da vida. De uma coisa sabia: estava cansado de ser policial. Em junho de 1972, ele apresentou o seu pedido de demissão; e quando o dia chegou, foi à sede da polícia para receber o seu último salário.

Quando Frank caminhava em direção à saída, um policial lhe perguntou o que ele pretendia fazer da vida agora que não era mais um deles.

Frank nem precisou pensar para responder:

— Eu vou viver.

CAPÍTULO 8

- ALGUMAS PALAVRAS FINAIS -

Olhando agora para trás, concluo que a Comissão Knapp chamou a atenção para algo que sempre foi necessário no trabalho policial: controle externo. Muitos policiais foram processados, e vários perderam o emprego. Mas a reforma não durou muito tempo. Jamais dura.

Certo dia eu estava sendo entrevistado em um programa de rádio, e um policial ligou para a estação. Ele disse que o dia em que eu testemunhei foi o dia mais tenebroso para todos os policiais de Nova York. Ele disse que ficou com vergonha de ir para casa e encarar a mulher e os filhos.

Eu disse: "Por que, você fez alguma coisa errada?"

Ele respondeu: "Não, nada."

Então eu perguntei a ele por que ele não me apoiava. E sabe o que ele gritou em resposta sem hesitar?

"E ser um renegado como você?".

É esse tipo de pensamento que mantém vivo o muro azul de silêncio ainda hoje. E os denunciantes — ou "acendedores", como eu gosto de chamá-los por causa de Paul Revere — são apenas o que aquele policial disse que éramos: renegados. Quando tentamos trazer a injustiça à luz, funcionários do governo nos dizem: "Não podemos permitir que haja um escândalo; isso minaria a confiança do público na polícia."

Mas as pessoas que fazem parte desse muro azul, aqueles que lutam para mantê-lo de pé não entenderam.

A confiança já foi perdida.

AS IDEIAS DE FRANK

Frank sugere que os departamentos de polícia construam um ambiente no qual policiais honestos sejam encorajados a falar sem medo. Para esse fim, ele oferece as seguintes recomendações:

1 - Reforçar o processo de seleção de recrutas da polícia;

2 - Sempre fornecer treinamento e simulações; mostrar aos policiais como se espera que eles se comportem e reajam;

3 - Exigir que os policiais estejam envolvidos nas comunidades que atendem;

4 - Impor a lei a qualquer pessoa, incluindo policiais. Quando policiais agirem de forma errada, usá-los como exemplo do que não fazer — isso mostrará aos outros que tal comportamento não será tolerado;

5 - Apoiar os que agem bem. Policiais honestos devem ser honrados, promovidos e apontados como modelos positivos de comportamento;

6 - Criar e financiar comissões independentes para avaliar incidentes de corrupção e brutalidade policial.

EPÍLOGO

O comissário Murphy introduziu medidas de reforma, removeu oficiais de alto escalão, rebaixou inspetores e plantou gente de confiança nas delegacias para detectar corrupção dentro dos quadros. No total, 1.134 policiais foram considerados culpados por corrupção e 59 deles foram demitidos. Na 13ª Divisão no Brooklyn — onde Frank havia recebido o envelope do Judeu Max —, 24 agentes à paisana foram acusados de receber 250 mil dólares por ano dos chefes de casas de apostas. E 19 policiais foram condenados e demitidos.

Em dezembro de 1972, após dois anos e meio de trabalho duro, a Comissão Knapp apresentou o seu relatório final. Nas palavras da comissão, durante o tempo de sua investigação "descobriu-se que a corrupção policial é um fenômeno vasto que atinge todos os departamentos, em certa medida praticado por uma maioria considerável dos integrantes da instituição". A comissão também declarou que o crime organizado era "a maior fonte de corrupção da polícia".

Depois de testemunhar, Frank quis se afastar o máximo possível de Nova York. Após receber a sua pensão por invalidez — consequência de ter sido baleado em serviço —, ele embarcou em um navio para a Europa, levando consigo o seu sheepdog, Alfie.

Encontrando-se a milhares de quilômetros de distância de Nova York, Frank se tornou ainda mais famoso. Em 1973, a editora

Viking Press publicou o livro *Serpico*, do jornalista Peter Maas. Foram 3 milhões de cópias vendidas. No mesmo ano, a Paramount Pictures lançou um filme homônimo, levando para as telas do cinema a provação de Frank. A Academy of Motion Picture Arts and Sciences [Academia de Artes e Ciências Cinematográficas] elegeu Al Pacino como melhor ator em papel principal. Nas palavras de Pauline Kael, crítica de cinema do *New Yorker,* a história de Frank combina "Judas e Jesus numa figura pequena e contumaz".

Na Europa, Frank se casou com uma holandesa que tinha dois filhos. Os quatro se estabeleceram em uma fazenda na Holanda, mas depois que ela morreu de câncer (e as crianças foram morar com os avós maternos), Frank voltou para os Estados Unidos.

Ele continuou banido e ignorado pelo Departamento de Polícia de Nova York. No final da década de 1990, quando a cidade de Nova York abriu um museu da polícia, Frank ofereceu seu uniforme e revólver de serviço para que fossem colocados em exposição, mas sua oferta foi rejeitada. Apenas em 2022, o prefeito Eric Adams, ex-capitão da polícia, certificou-se de que Frank recebesse a sua tão merecida medalha de honra.

Frank agora vive de maneira isolada e confortável no interior do Estado de Nova York, a algumas horas de distância ao norte da cidade que ele uma vez patrulhou. Ele construiu uma cabana de um quarto na floresta. Cultiva a própria comida, cria galinhas e enriquece a mente com música, livros e arte.

Os moradores locais o chamam de Paco.

AGRADECIMENTOS

Quando sugerimos um livro sobre Frank Serpico, nossa agente Jennifer Weltz defendeu a ideia. Nossa editora Emily Feinberg nos ajudou imensamente ao oferecer seu apoio — e também suas observações e sua afiada caneta vermelha. Agradecemos as duas por tudo.

Dito isso, a história não é nossa; pertence a Frank Serpico. Ele foi, e continua sendo, um herói, um policial dedicado com a louca noção de defender o que é certo. Esta é uma história que os jovens precisam conhecer, e ele generosamente nos ajudou a contá-la. Obrigado, Paco.

Por fim, deixamos aqui nosso sincero agradecimento a todos os policiais que realizam o seu trabalho com honestidade e integridade. Sabemos que vocês estão aí.

GLOSSÁRIO

10-10: Comando de rádio que significa possível crime em andamento, com disparo de armas de fogo.

10-13: Comando de rádio que significa policial em dificuldades, é necessário o envio de socorro.

Alerta geral: Mensagem de rádio enviada a fim de alertar os policiais para que fiquem de olho em alguém ou alguma coisa associada a um crime.

Ronda: Patrulhamento de determinada área por um policial. Um policial designado para uma ronda tem que desenvolver um relacionamento com a comunidade.

Muro azul: Conhecido também como "muro azul do silêncio". É o código tácito entre policiais segundo o qual eles devem guardar silêncio quando questionados sobre a conduta dos colegas da polícia.

Informante: Um "informante confidencial" é alguém que fornece informações secretas à polícia sobre atividades criminais. Informantes em geral são pessoas que enfrentam acusações criminais; em troca de informações, suas acusações são mitigadas ou anuladas.

Grande Júri: Grupo de dezesseis a vinte e quatro pessoas que decide se existe ou não evidência suficiente para que se faça uma acusação criminal contra um suspeito.

Indiciamento: Anúncio formal feito por um grande júri indicando que há evidência suficiente para levar um suspeito a julgamento.

Jogo de números: Também chamado de "aposta em números" ou "loteria dos números". Trata-se de uma modalidade de jogo de apostas ilegal em regiões de baixa renda.

Na faixa: De graça, sem nenhum custo.

Bloco: Sistema de corrupção no qual policiais recebem propinas com regularidade.

Perpetrador: Pessoa considerada pela polícia suspeita de ter cometido um crime.

Casa de apostas: Lugar onde jogadores fazem apostas em números.

Papeletas de apostas: Pedaço de papel que mostra o número escolhido pelo apostador.

Unidade de perturbação da ordem pública: Destacamento policial cuja tarefa é a prevenção contra tumultos.

Escuta: Levar escondido sob a roupa um dispositivo de gravação para reunir evidências contra uma pessoa gravando o que ela fala sem que ela perceba.

Macarrone: Termo ofensivo dirigido a italianos ou descendentes de italianos.

NOTAS SOBRE AS FONTES

Quando coletamos informações para este livro, contamos muito com as nossas entrevistas com Frank Serpico. Também nos apoiamos nos relatos de jornais da época, no livro *Serpico*, de Peter Maas, e na série de nove capítulos do Baltimore Post-Examiner "Serpico Sets the Record Straight" [Serpico Põe Tudo em Pratos Limpos].

Todas as recordações atuais de Frank, que figuram em textos em destaque entre os capítulos, foram tiradas de nossas entrevistas com ele.

As informações que se seguem são fontes que usamos em acréscimo a esse material.

PREFÁCIO

O tiroteio na Driggs Avenue, 778, está bem documentado em muitos lugares, principalmente no livro de Maas. Outros detalhes são encontrados na série do Baltimore Post-Examiner.

CAPÍTULO 1

A informação sobre o programa de rádio *Gang Busters* pode ser encontrada no ensaio "Gang Busters" de O'Dell, na Biblioteca do Congresso. Episódios podem ser ouvidos no Internet Archive.

O trecho sobre Fiorello La Guardia foi retirado em grande parte de "La Guardia Regime Sets Precedents" [O Governo de

La Guardia Estabelece Precedentes] no *New York Times* e "Kind of Mayor La Guardia Was" [O Tipo de Prefeito que La Guardia Foi] de Graff no *New York Times Magazine*. O discurso de La Guardia no rádio em 8 de julho de 1945 pode ser ouvido *on-line* no website New York City Department of Records.

As histórias sobre a infância de Frank vieram de nossas entrevistas.

O treinamento de recrutas da polícia e a discussão na sala de aula é adaptado do artigo "Police in the Making" [Polícia em Formação] da *New York Times Magazine* e de artigos de Benjamin, "Sociology Is Part of Police Course" [Sociologia É Parte do Treinamento da Polícia], e de Buckley, "Recruits Are Different" [Novatos São Diferentes], ambos no *New York Times.*

A matéria adicional sobre a guerra de Nova York contra o jogo ilegal foi retirada dos seguintes artigos do *New York Times*: "Kennedy Orders War on Gambling" [Kennedy Ordena Guerra contra o Jogo]; "Kennedy Demotes 4" [Kennedy Rebaixa 4 de Posto]; "Kennedy Decries Gambling Apathy" [Kennedy Condena a Apatia do Jogo], de Passant; e "Crackdown Thins Ranks" [Medidas Disciplinares Diminuem as Fileiras], de Grutzner.

A cerimônia de posse e as observações de Stephen Kennedy vieram do *New York Times*, "Policewoman Is Tops" [Mulher Policial é o Máximo].

As informações relacionadas a Bedford-Stuyvesant podem ser encontradas em "Negro Populace Rises" [Cresce a População Negra], no *New York Times*, e em "Bed-Stuy's (Unfinished) Revival", de Hymowitz no *City Journal.*

A conversa de Frank sobre refeições grátis foi tirada de nossas entrevistas.

Para reunir informações sobre as sonecas em serviço, nós nos valemos de três artigos de Burnham no *New York Times*, "Cooping': an Old Custom" [Policiais Cochilando em Serviço: um Hábito Antigo], "Top Police Officers Meet" [Policiais de Alto Escalão

NOTAS SOBRE AS FONTES

Se Reúnem] e "Some Policemen Are Sleeping" [Alguns Policiais Estão Dormindo].

Frank relatou a história do parto que fez de um bebê em nossas entrevistas.

Mais informações sobre o Departamento de Identificação Criminal podem ser obtidas no artigo do *Daily News* "Our Cops — Finest with the Mostest" [Nossos Policiais — os Melhores entre os Melhores], de Federici e Crew.

As experiências de Frank no Departamento de Identificação Criminal, na 70ª Delegacia e no Greenwich Village foram tiradas de nossas entrevistas e do livro de Maas.

A história da perseguição a criminosos que Frank levou a cabo de moto e fora de serviço foi obtida em nossas entrevistas.

A conversa no estacionamento a respeito do envelope do Judeu Max veio de nossas entrevistas e do livro de Maas.

CAPÍTULO 2

A matéria adicional sobre o prefeito Lindsay é baseada no artigo do *Daily News* "Splinters Fly" [Farpas Voam para Todo Lado], de Federici e Wilson; em "Lindsay Thrives on Work" [Lindsay Prospera no Trabalho] da Associated Press; no artigo de Finnegan no *New Yorker*, "How Police Unions Fight Reform" [Como o Sindicato da Polícia Faz Oposição à Reforma]; e em "Lindsay Pushes N.Y. Crime Fight" [Lindsay Promove a Luta contra o Crime em N.Y.] do *Akron Beacon Journal—New York Herald Tribune*. Também nos baseamos no livro *Cost of Good Intentions* [O Preço das Boas Intenções], de Charles Morris.

Encontramos as informações a respeito das interações de Frank com David Durk em "How 2 Policemen Decided" [Como 2 Policiais Foram Decisivos], de Arnold, e "David Durk, Serpico's Ally, Dies" [David Durk, Aliado de Serpico, Morre], de McFadden, ambos no *New York Times*. Reunimos detalhes adicionais durante as nossas

141

O HOMEM MARCADO

entrevistas com Frank. As citações de Durk relacionadas a "ajudar uma idosa" e a "lojistas" são do seu testemunho de 21 de dezembro de 1971 diante da Comissão Knapp; nós as encontramos no obituário de McFadden. Para mais informações sobre os esforços de Frank e Durk, sugerimos a leitura de "Portrait of an Honest Cop" [Retrato de um Policial Honesto], de Daley, publicado na revista *New York*.

A passagem sobre o Departamento de Investigação, incluindo o encontro de Frank e Durk com Philip Foran e a experiência de Frank na Nove-Zero, encontra-se no livro de Maas. Frank forneceu mais detalhes durante as nossas entrevistas. O mesmo vale para a passagem sobre a 7ª Divisão, incluindo a cena com Robert Stanard e Pasquale Trozzo no Otto's Bar and Grill.

O material adicional sobre o escândalo de Harry Gross foi retirado de "2 Needed to Carry" [Eram Necessários 2 para Carregar], de Honig; "New York Police Purge" [Limpeza na Polícia de Nova York], de Freeman; "Monaghan Ousts 23" [Monaghan Expulsa 23], de Perlmutter; e "Lonely Death" [Morte Solitária], de McFadden, todos no *New York Times*, e "Gross Bookie Empire" [O Império de Apostas de Gross], de Wiener e Patterson, no *Daily News*.

CAPÍTULO 3

O livro de Maas aborda as interações de Frank com Carmello Zumatto e nós acrescentamos detalhes obtidos em nossas entrevistas com Frank.

O material adicional sobre as raízes da corrupção foi extraído do artigo de Roosevelt no *Atlantic*, "Municipal Administration" [Administração Municipal]; de "Tell of Their Money" [Fale sobre o Dinheiro Deles], do *Chicago Tribune*; e de "Byrnes to Go" [Byrnes Está Fora], do *Brooklyn Daily Eagle*. A carta de Roosevelt para a irmã pode ser encontrada na Theodore Roosevelt Digital Library.

As interações de Frank com Cornelius Behan, incluindo a conversa entre os dois na Via Expressa Van Wyck, são do livro de

NOTAS SOBRE AS FONTES

Maas e da série com vários capítulos do Baltimore Post-Examiner. Frank acrescentou mais detalhes durante as nossas entrevistas. Mais informações sobre Behan, John Walsh e Howard Leary podem ser encontradas em "Police Portrait" [Retrato da Polícia] de Burnham no *New York Times*. A expressão "espanta-moscas" vem do artigo do *Times* "Taciturn Detective" [Detetive Lacônico].

CAPÍTULO 4

A conversa de Frank com Stephen Killorin é uma compilação de vários encontros que estão incluídos no livro de Maas; Frank também forneceu detalhes adicionais durante as nossas entrevistas. O mesmo vale para a conversa de Frank com Jay Kriegel, e para a conversa com Jules Sachson no carro de Sachson.

A informação a respeito de Frank e Sachson cumprindo um mandado de busca na bodega e prendendo Dolores Carreras foi extraída de "Bronx Gambler" [Apostador do Bronx] de Burnham, no *New York Times*.

O material adicional sobre a aposta em números foi extraído de "Dimes Make Millions" [Centavos que Fazem Milhões], de Grutzner, e "Gamblers Here Operate Numbers" [Os Apostadores Aqui Trabalham com Números], de Roth, ambos no *New York Times*.

A reunião de Frank com Burton Roberts, sua presença diante do grande júri e sua altercação com um colega policial na Manhattan North são situações que vieram do livro de Maas e de recordações em primeira mão de Frank, compartilhadas durante as nossas entrevistas.

É possível encontrar os indiciamentos do grande júri de 11 de fevereiro de 1969 nas seguintes fontes: "8 Cops Indicted" [8 Policiais Indiciados] de Renner e Swift no *Newsday*, "Cops Indicted" [Policiais Indiciados] de O'Grady e Lee no *Daily News*, e "8 City Policemen Arrested" [8 Policiais da Cidade Presos] de Colliers no *New York Times*.

143

O HOMEM MARCADO

A conversa entre Frank e Delise no escritório de Delise, bem como as histórias do trabalho dos dois como parceiros, foram extraídas do livro de Maas e de nossas entrevistas com Frank.

O encontro de Frank e Durk com David Burnham na lanchonete Greenwich Village foi uma passagem que extraímos de nossas entrevistas com Frank e também com Burnham.

A conversa entre Frank e Delise na sala de estar de Delise vem de nossas entrevistas com Frank.

Estruturamos o encontro na sala de reuniões no *New York Times* entre Frank, Durk, Delise, Burnham e Arthur Gelb, combinando várias reuniões que figuram no livro de Maas, e também usando nossas entrevistas com Frank e com Burnham.

CAPÍTULO 5

A cena de Frank no banco de trás da viatura descaracterizada de polícia vem de nossas entrevistas com Frank.

A matéria de primeira página de Burnham, "Graft Paid to Police Here" [Suborno Pago a Policiais Daqui], pode ser encontrada no *New York Times* de 25 de abril de 1970. A reação de Frank ao artigo vem de nossas entrevistas com ele.

As matérias subsequentes de primeira página de Burnham sobre corrupção policial, "Gamblers' Links to Police" [Ligações de Apostadores com a Polícia] e "Police Corruption Fosters Distrust" [Corrupção Policial Dá Margem à Desconfiança], foram publicadas no *New York Times* em 26 e 27 de abril de 1970.

O comentário de Howard Leary sobre o *New York Times* pode ser encontrado no artigo "Leary Assails Articles in Times" [Leary Ataca Artigos no Times], de Farrell, publicado no *New York Times*.

As citações do prefeito Lindsay foram extraídas de "Mayor Asks Aid" [O Prefeito Pede Apoio], que foi publicado logo abaixo da matéria de Burnham de 25 de abril na primeira página do *New York Times*.

144

NOTAS SOBRE AS FONTES

A declaração de Howard Leary endereçada às delegacias de polícia pode ser encontrada no artigo de Illson "Leary Vows 'No Reprisals'" [Leary Promete que "Não Haverá Represálias"], no *New York Times*.

A conversa entre Frank e Burton Roberts antes da ida de Frank à corte e de seu testemunho foi tirada de recordações que Frank compartilhou conosco durante nossas entrevistas. Para o julgamento, nós também contamos com os artigos de Burnham no *New York Times*, "Bronx Gambler" e "Antigambling Unit" [Unidade Antijogo], bem como com duas matérias do *Daily News*: "Testifies She Paid Off Cops" [Testemunhou ter Subornado Policiais] e "Convicted Cop" [Policial Condenado].

A conversa na qual Burton Roberts sugere a Howard Leary que promova Frank foi extraída do livro de Maas.

A passagem sobre o pedido de demissão de Howard Leary vem do artigo de Poster e Lee "Holiday Bombshell" [Bomba no Feriado], no *Daily News*.

A conversa na qual o sargento diz a Frank que é possível ganhar muito dinheiro no Brooklyn foi obtida por meio do livro de Maas e de nossas entrevistas com Frank.

O material adicional sobre a rede de tráfico de drogas de Michael Dowd veio dos artigos de Treaster "Officer Flaunted Corruption" [Policial Gabava-se de Corrupção] e "Convicted Police Officer" [Policial Condenado], ambos no *New York Times*, e de "It's Called the Cop Casino" [O Cassino Policial], de Gelman e Kocieniewski, no *Newsday*.

CAPÍTULO 6

O tiroteio na Driggs Avenue, 778 (incluindo a ação que se desenrola fora do prédio e as ações de Frank no teto), foi extraído do livro de Maas e de nossas entrevistas com Frank. Também nos valemos do artigo de Daley, "Portrait of an Honest Cop"

[Retrato de um Policial Honesto] na revista *New York* e do vídeo *on-line* de Kilgannon, "Watching 'Serpico' with Serpico" [Assistindo a "Serpico" com Serpico].

CAPÍTULO 7

Descrevemos a passagem de Frank pelo Greenpoint Hospital nos valendo do livro de Maas, de nossas entrevistas com Frank e do artigo de Burnham no *New York Times*, "Mayor Visits" [A Visita do Prefeito]. A declaração do prefeito Lindsay e o relatório sobre as condições "satisfatórias" de Frank foram extraídos das mesmas fontes.

A conversa no hospital entre Frank e Arthur Cesare veio do livro de Maas e de nossas entrevistas com Frank. E foram extraídos dessas mesmas fontes o cartão "de melhoras" anônimo e a volta de Frank ao seu apartamento na Perry Street.

O interrogatório de Gary Roteman e de Arthur Cesare realizado pelo departamento veio do livro de Maas.

CAPÍTULO 8

O comparecimento de Frank perante a Comissão Knapp teve ampla cobertura na época. Recorremos ao livro de Armstrong, *They Wished They Were Honest* [Eles Queriam ser Honestos], e também às seguintes matérias de jornal: "'Meat-Eaters and Grass--Eaters'" [Herbívoros e Carnívoros], artigo de Gelman no *Newsday*; "Excerpts from Testimony Before Knapp Commission" [Trechos do Testemunho Diante da Comissão Knapp], "Excerpts from the Testimony by Serpico" [Trechos do Testemunho de Serpico], "Final Knapp Report" [Relatório Final da Comissão Knapp] e "Report Says Police Corruption" [Relatório Fala da Existência de Corrupção Policial], todos no *New York Times*; "Serpico's Lonely Journey" [A Jornada Solitária de Serpico] e "Leary Asks Why" [Leary Pergunta Por Quê], artigos de Arnold publicados no *New*

NOTAS SOBRE AS FONTES

York Times; e "Hands Tied on Cop Graft" [Mãos Amarradas quanto ao Suborno de Policiais] e "Knapp Prob Told" [Anunciada a Investigação da Knapp], artigos de Federici e Meskil no *Daily News*.

A declaração preparada por Frank aparece com as passagens do seu testemunho no *Times*.

O material adicional sobre denunciantes dos dias atuais baseia-se em "Behind the Blue Wall" [Atrás do Muro Azul], artigo de Barton, Duret e Murphy publicado no *USA Today*; em "Officer Who Disclosed Police Misconduct" [Policial que Revelou Má Conduta na Polícia], de Goodman, publicado no *New York Times*; em "Baltimore to Pay $42K" [Baltimore Pagará 42 Mil Dólares], artigo de Broadwater no *Baltimore Sun*; e em "Chicago Cop Alleges Cover-Up" [Policial de Chicago Alega Encobrimento], matéria de Gorner no *Chicago Tribune*. A citação "a gente tem que defender alguma coisa", do sargento Lambert, foi extraída de "The Untouchables" [Os Intocáveis] de Solotaroff, na *Rolling Stone*. O diálogo de Serpico com o sargento foi extraído do artigo de Gorner, no *Chicago Tribune*.

Os testemunhos de Behan, Walsh, Fraiman e Kriegel diante da Comissão Knapp foram extraídos do livro de Maas. Pode-se encontrar mais sobre Walsh em "Walsh at Hearing" [Walsh no Interrogatório], de Burnham; pode-se encontrar mais sobre Kriegel em "Kriegel Gets Aid" [Kriegel Recebe Apoio], de Burnham. Ambos os artigos foram publicados no *New York Times*.

Os planos que Frank tinha para a sua vida após a Comissão Knapp, bem como o seu comentário "eu vou viver", são informações que recebemos em nossas entrevistas com Frank.

ALGUMAS PALAVRAS FINAIS

O material adicional no qual Frank faz recomendações aos departamentos de polícia dos dias atuais foi extraído do seu artigo *on-line* "Police are Still Out of Control" [A Polícia Continua Fora de Controle], em Politico.

EPÍLOGO

Os números associados às medidas de reforma do comissário Murphy estão em "Murphy Among the 'Meat-Eaters'" [Murphy entre os "Carnívoros"], de Buckley, em "24 Police Indicted" [24 Policiais Acusados], de Kaplan, e em "Codd Dismisses" [Codd Demite], de Rabb, todos publicados no *New York Times*.

As citações da comissão foram extraídas do relatório da Comissão Knapp.

A avaliação crítica do filme *Serpico*, de Kael, figura em seu artigo no *New Yorker* "The Hero as Freak" [O Herói na Condição de Maluco].

As informações sobre o casamento de Frank na Europa vieram do artigo "Serpico on Serpico" [Serpico por Serpico], de Kilgannon no *New York Times*.

O artigo de Annese no *Daily News* "Frank Serpico Finally Gets His Formal Medal of Honor" [Frank Serpico Enfim Recebe a sua Medalha de Honra] trata da ocasião em que a medalha de honra é concedida a Frank.

BIBLIOGRAFIA

LIVROS

Armstrong, Michael F. *They Wished They Were Honest: The Knapp Commission and New York City Police Corruption*. Nova York: Columbia University Press, 2012.

Comissão para Investigar Alegações de Corrupção Policial e os Procedimentos Anticorrupção na Cidade. *The Knapp Commission Report on Police Corruption*. Nova York: Braziller, 1973.

Daley, Robert. *Target Blue: An Insider's View of the N.Y.P.D.* Nova York: Delacorte Press, 1973.

Maas, Peter. *Serpico*. Nova York: Viking, 1973.

Morris, Charles R. *The Cost of Good Intentions: New York City and the Liberal Experiment, 1960–1975*. Nova York: Norton, 1980.

REVISTAS

Bekiempis, Victoria. "Still Chasing Serpico." *Newsweek*, 5 de dezembro, 2013.

Cook, Fred J. "The Pusher-Cop: The Institutionalizing of Police Corruption." *New York*, 16 de agosto, 1971.

Daley, Robert. "Portrait of an Honest Cop: Target for Attack." *New York*, 3 de maio, 1971.

Finnegan, William. "How Police Unions Fight Reform." *New Yorker*, 27 de julho, 2020.

Hirsh, Michael. "Serpico on Police Racism: 'We Have This Virus Among Us.'" *Foreign Policy*, 11 de junho, 2020.

Hymowitz, Kay S. "Bed-Stuy's (Unfinished) Revival." *City Journal*, verão de 2013. city-journal.org/html/bed-stuy's-unfinished-revival-13581.html.

Johnson, Roberta Ann. "Whistleblowing and the Police." *Rutgers University Journal of Law and Urban Policy* 3, no. 1 (20 de novembro, 2005): 74–83.

Kael, Pauline. "The Hero as Freak." *New Yorker*, 17 de dezembro, 1973.

Lepore, Jill. "The Invention of the Police: Why Did American Policing Get So Big, So Fast? The Answer, Mainly, Is Slavery." *New Yorker*, 13 de julho, 2020.

Roosevelt, Theodore. "Municipal Administration: The New York Police Force." *Atlantic*, setembro de 1897.

Shaer, Matthew. "134 Minutes with Frank Serpico." *New York*, 27 de setembro, 2013.

Solotaroff, Paul. "The Untouchables: An Investigation into the Violence of the Chicago Police." *Rolling Stone*, 19 de novembro, 2020.

Time. "CRIME: Listen to the Mocking Bird." 19 de maio, 1952.

JORNAIS

Akron Beacon Journal–New York Herald Tribune. "Lindsay Pushes N.Y. Crime Fight." *Akron Beacon Journal*. 1º de outubro, 1965.

Annese, John. "Frank Serpico Finally Gets His Formal Medal of Honor." *Daily News* (New York), 4 de fevereiro, 2022.

BIBLIOGRAFIA

Arnold, Martin. "Crusading Policeman: Francisco [sic] Vincent Serpico." *New York Times*, 11 de maio, 1971.

―――. "How 2 Policemen Decided to Fight Graft." *New York Times*, 20 de junho, 1970.

―――. "Leary Asks Why He Wasn't Told of Police Corruption in the Bronx Early Enough." *New York Times*, 21 de dezembro, 1971.

―――. "Serpico a 'Live Grenade' to Top Officers." *New York Times*, 17 de dezembro, 1971.

―――. "Serpico's Lonely Journey to Knapp Witness Stand." *New York Times*, 15 de dezembro, 1971.

Associated Press. "Lindsay Thrives on Work." *Ithaca Journal*, 3 de novembro, 1965.

Barton, Gina, Daphne Duret e Brett Murphy. "Behind the Blue Wall of Silence." *USA Today*, 9 de dezembro, 2021.

Benjamin, Philip. "Sociology Is Part of Police Course." *New York Times*, 28 de fevereiro, 1959.

Broadwater, Luke. "Baltimore to Pay $42K to Whistle-Blower Former Officer Who Found Rat on Car." *Baltimore Sun*, 1º de junho, 2016.

Brooklyn Daily Eagle. "Byrnes to Go." 30 de dezembro, 1894.

Buckley, Tom. "Murphy Among the 'Meat-Eaters.'" *New York Times Magazine*, 19 de dezembro, 1971.

―――. "The Recruits Are Different and So Is Police Academy." *New York Times*, 6 de julho, 1973.

Burnham, David. "Antigambling Unit Is Termed Corrupt at Policeman's Trial." *New York Times*, 18 de junho, 1970.

―――. "Bronx Gambler Tells of Monthly Payoffs to Police." *New York Times*, 24 de junho, 1970.

———. "'Cooping': An Old Custom Under Fire." *New York Times*, 22 de dezembro, 1968.

———. "15 Police Trials Begin Tomorrow." *New York Times*, 2 de maio, 1971.

———. "Gamblers' Links to Police Lead to Virtual 'Licensing.'" *New York Times*, 26 de abril, 1970.

———. "Graft Paid to Police Here Said to Run Into Millions." *New York Times*, 25 de abril, 1970.

———. "Knapp Panel Says Walsh and Others Ignored Tips by U.S. on Police Crimes." *New York Times*, 28 de dezembro, 1972.

———. "Knapp Says Laws Spur Police Graft." *New York Times*, 7 de junho, 1970.

———. "Kriegel Gets Aid on Lindsay Book." *New York Times*, 24 de junho, 1974.

———. "Lindsay Appoints Corruption Unit." *New York Times*, 22 de maio, 1970.

———. "The Mayor Visits 'a Very Brave Man.'" *New York Times*, 5 de fevereiro, 1971.

———. "Paper on Cooping Gets a High Grade." *New York Times*, 3 de agosto, 1969.

———. "Perjury Laid to Police Captain in Denial of Serpico Testimony." *New York Times*, 6 de abril, 1972.

———. "Police Corruption Fosters Distrust in the Ranks Here." *New York Times*, 27 de abril, 1970.

———. "Police Establish Corruption Curbs Under New Units." *New York Times*, 27 de agosto, 1970.

———. "A Police Portrait: Leary and His Five Closest Associates." *New York Times*, 10 de novembro, 1969.

BIBLIOGRAFIA

———. "Prosecutor Called to the Stand in Policeman's Trial in Bronx." *New York Times*, 20 de junho, 1970.

———. "Serpico Tells of Delay on Police Inquiry." *New York Times*, 15 de dezembro, 1971.

———. "Some Policemen Are Found to Be Sleeping on Duty." *New York Times*, 16 de dezembro, 1968.

———. "Top Police Officers Meet Today to Discuss Sleeping Patrolmen." *New York Times*, 17 de dezembro, 1968.

———. "Walsh at Hearing: Forgot Graft Report." *New York Times*, 17 de dezembro, 1971.

Chicago Tribune. "Tell of Their Money." 30 de dezembro, 1894.

Collier, Barnard L. "8 City Policemen Arrested in Inquiry on Numbers Games." *New York Times*, 12 de fevereiro, 1969.

Daily News (Nova York). "Convicted Cop Faces 7 Years for Perjury," 2 de julho, 1970.

———. "Testifies She Paid Off Cops," 24 de junho, 1970.

Farrell, William E. "Leary Assails Articles in Times on Police Corruption as 'Unfair.'" *New York Times*, 29 de abril, 1970.

Federici, William, e Watson Crews Jr. "Our Cops—Finest with the Mostest." *Daily News* (Nova York), 1º de dezembro, 1963.

Federici, William, e Paul Meskil. "Cop Says He Was Warned to Keep Quiet About Graft." *Daily News* (Nova York), 15 de dezembro, 1971.

———. "Hands Tied on Cop Graft: Lindsay Aide." *Daily News* (Nova York), 21 de dezembro, 1971.

———. "Knapp Probe Told of 9-Month Stall." *Daily News* (Nova York), 16 de dezembro, 1971.

———, e Sidney Kline. "Cops Parlay New Ways to Eliminate Bookies." *New York Daily News*, 29 de abril, 1962.

Federici, William, e Harry Schlegel. "Review Board's Innovations to Stay." *Daily News* (Nova York), 11 de novembro, 1966.

Federici, William, e Theo Wilson. "The Splinters Fly from Many Sides on Review Board." *Daily News* (Nova York), 11 de junho, 1965.

Freeman, Ira Henry. "New York Police Purge Winding Up Gross Case." *New York Times*, 7 de setembro, 1952.

Gelman, David. "'Meat-Eaters and Grass-Eaters.'" *Newsday*, 14 de agosto, 1972.

Gelman, Mitch, e David Kocieniewski. "It's Called the Cop Casino." *Newsday*, 21 de maio, 1992.

Goldman, John J. "Ex-N. Y. Police Head Testifies on Corruption." *Los Angeles Times*, 21 de dezembro, 1971.

Goodman, J. David. "Officer Who Disclosed Police Misconduct Settles Suit." *New York Times*, 29 de setembro, 2015.

Gorner, Jeremy. "Chicago Cop Alleges Cover-Up in Police Shooting: 'I'm Going to Feel like Serpico, Basically.'" *Chicago Tribune*, 5 de março, 2019.

Graff, Henry F. "The Kind of Mayor La Guardia Was." *New York Times Magazine*, 22 de outubro, 1961.

Grutzner, Charles. "Crackdown Thins Ranks of Bookies." *New York Times*, 1º de outubro, 1963.

———. "Dimes Make Millions for Numbers Racket." *New York Times*, 26 de junho, 1964.

Honig, Milton. "2 Needed to Carry Gross 'Ice' Money." *New York Times*, 23 de janeiro, 1951.

BIBLIOGRAFIA

Illson, Murray. "Leary Vows 'No Reprisals' to Police Telling of Graft." *New York Times*, 17 de maio, 1970.

Johnston, Richard J. H. "86 Are Indicted in Bookie Inquiry." *New York Times*, 29 de abril, 1965.

Kaplan, Morris. "24 Police Indicted in a Bribery Case." *New York Times*, 3 de maio, 1972.

Kilgannon, Corey. "Serpico on Serpico." *New York Times*, 22 de janeiro, 2010.

Kirkman, Edward. "A Shoot-the-Works War Is Declared on Gamblers." *Daily News* (New York), 19 de abril, 1961.

McFadden, Robert D. "David Durk, Serpico's Ally Against Graft, Dies at 77." *New York Times*, 13 de novembro, 2012.

———. "The Lonely Death of a Man Who Made a Scandal." *New York Times*, 5 de abril, 1986.

McNamara, Joseph. "Mayor Socks Critics of His Fight on Crime." *Daily News* (Nova York), 17 de maio, 1965.

McShane, Larry. "No Quit in Famed NYPD Whistleblower." *Daily News* (Nova York), 23 de dezembro, 2012.

Mustain, Gene. "Brothers in Blue: Frank Serpico." Big Town Biography. *Daily News* (Nova York), 1º de junho, 1999.

New York Times. "Excerpts from Testimony Before Knapp Commission." 21 de dezembro, 1971.

———. "Excerpts from the Testimony by Serpico." 15 de dezembro, 1971.

———. "Final Knapp Report." Editorial. 13 de janeiro, 1973.

———. "Kennedy Demotes 4 Police Officers in Gambling Cases." 13 de fevereiro, 1959.

———. "Kennedy Orders War on Gambling." 24 de fevereiro, 1959.

———. "La Guardia Regime Sets Precedents." 7 de maio, 1945.

———. "Mayor Asks Aid from All in Inquiry on Corruption." 25 de abril, 1970.

———. "Negro Populace Rises in Bedford-Stuyvesant." 12 de agosto, 1963.

———. "Policewoman Is Tops." 12 de abril, 1960.

———. "Report Says Police Corruption in 1971 Involved Well over Half on the Force." 28 de dezembro, 1972.

———. "Taciturn Detective: John Francis Walsh." 21 de janeiro, 1961.

New York Times Magazine. "Police in the Making." 15 de maio, 1960.

O'Grady, Daniel, e Henry Lee. "Cops Indicted on Tie to Cosa Policy Ring." *Daily News* (Nova York), 12 de fevereiro, 1969.

Passant, Guy. "Kennedy Decries Gambling Apathy." *New York Times*, 1º de março, 1960.

Perlmutter, Emanuel. "Major Crime Up 52% in Subways, 9% City-wide." *New York Times*, 10 de fevereiro, 1965.

———. "Monaghan Ousts 23 Accused by Gross; 6 Men Are Cleared." *New York Times*, 25 de fevereiro, 1953.

Pittsburgh Courier. "New York Has New Police Review Board." Editorial. 23 de julho, 1966.

Poster, Thomas, e Henry Lee. "A Holiday Bombshell: Leary to Quit." *Daily News* (Nova York), 6 de setembro, 1970.

Powledge, Fred. "Pick a Number from 000 to 999." *New York Times*, 6 de dezembro, 1964.

Raab, Selwyn. "Codd Dismisses 19 Former Plainclothes Police Officers in a Bribery Scandal." *New York Times*, 19 de novembro, 1974.

BIBLIOGRAFIA

————. "Similarities in Inquiries into Crimes by Officers." *New York Times*, 3 de outubro, 1993.

Renner, Tom, and Maurice Swift. "8 Cops Indicted in NY Policy Probe." *Newsday*, 12 de fevereiro, 1969.

Roth, Jack. "Gamblers Here Operate Numbers Game in Open." *New York Times*, 7 de maio, 1967.

Star, Cima. "Brave and Honest Cop." *Daily Courier* (Connellsville, PA), 21 de julho, 1971.

Tolchin, Martin. "Bedford-Stuyvesant Residents to Fight Crime with Police Dogs." *New York Times*, 2 de abril, 1965.

Treaster, Joseph B. "Convicted Police Officer Receives a Sentence of at Least 11 Years." *New York Times*, 12 de julho, 1994.

————. "Officer Flaunted Corruption, and His Superiors Ignored It." *New York Times*, 7 de julho, 1994.

United Press International. "N.Y. Cop Says He Was Warned During Probe." *Philadelphia Inquirer*, 15 de dezembro, 1971.

Wiener, Ernest, e Neal Patterson. "Gross Bookie Empire Outlined to Cop Jury." *Daily News* (Nova York), 18 de setembro, 1951.

Zullo, Joseph. "Lindsay Aides Ignored Evidence of Police Graft, N.Y. Cop Says." *Chicago Tribune*, 15 de dezembro, 1971.

FONTES NA INTERNET

Internet Archive. "Gang Busters—88 Episodes of the Old Time Radio Crime Drama." archive.org/details/gang-busters-1955–04–02–885-the-case-of-the-mistreated-lady.

Kilgannon, Corey. "Watching 'Serpico' with Serpico." Photography by Librado Romero. *New York Times*, 22 de janeiro, 2010.

Vídeo, 4:27. nytimes.com/video/nyregion/1247466675385/watching-serpico-with-serpico.html.

La Guardia, Fiorello. "Talk to the People," 8 de julho, 1945. WNYC Radio. New York City Department of Records and Information Services. Gravação de áudio .nycma.lunaimaging.com/luna/servlet/detail/RECORDSPHOTOUNITARC~26~26~1339456~135185.

O'Dell, Cary. "Gang Busters." Library of Congress, 2008. loc.gov/static/programs/national-recording-preservation-board/documents/GangBusters.pdf.

Poppa, Doug. "Serpico Sets the Record Straight." Baltimore Post-Examiner. Nine parts, 15 de julho–9 de agosto, 2017. baltimorepostexaminer.com/category/news/special-reports/serpico-sets-the-record-straight.

Roosevelt, Theodore. Letter to Anna Roosevelt, 18 de maio, 1895. Theodore Roosevelt Collection. MS Am 1834 (454). Harvard College Library. Theodore Roosevelt Digital Library. Dickinson State University. theodorerooseveltcenter.org/Research/Digital-Library/Record?libID=o283606.

Serpico, Frank. "The Police Are Still Out of Control; I Should Know." Politico, 23 de outubro, 2014. www.politico.com/magazine/story/2014/10/the-police-are-still-out-of-control-112160/.

ENTREVISTAS

Burnham, David: 4 de fevereiro, 2021.

Serpico, Frank: 18 de fevereiro, 2021; 19 de fevereiro, 2021; 17 de março, 2021; 22 de maio, 2021; 21 de setembro, 2021; 26 de abril, 2022; 22 de outubro, 2022.

ASSINE NOSSA NEWSLETTER E RECEBA INFORMAÇÕES DE TODOS OS LANÇAMENTOS

www.faroeditorial.com.br

ESTA OBRA FOI IMPRESSA
EM JUNHO DE 2024